INFO3 VERLAG

Michael Bockemühl

KUNST SEHEN

BAND 17

Nach einer öffentlichen Vorlesung zu Auguste Rodin
vom 17. Mai 1994 im Saalbau Witten

Bearbeitet und herausgegeben von David Hornemann v. Laer
unter Mitarbeit von Demian Buchner und Kaoutar Rhanimi-Boukka

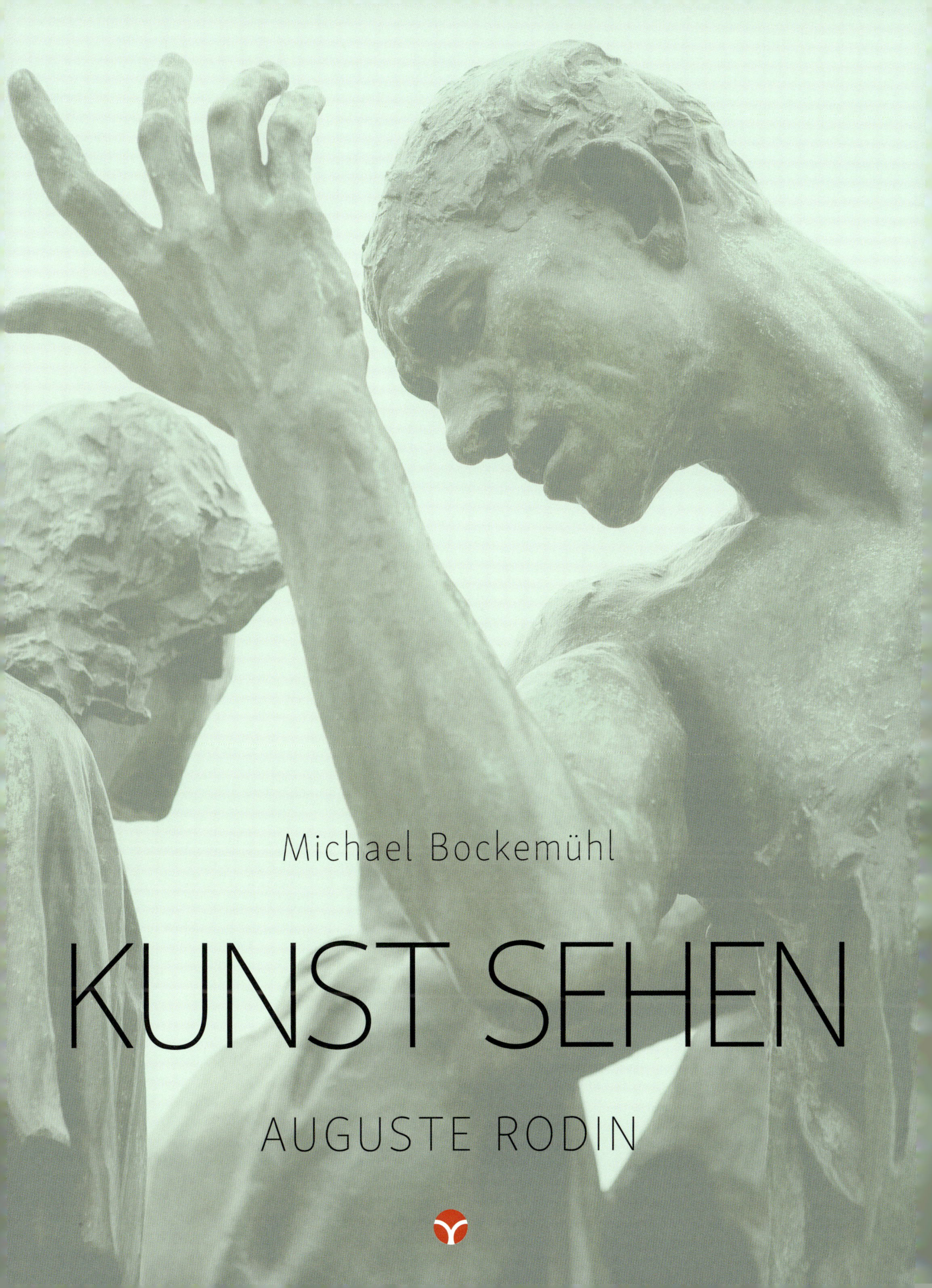

Michael Bockemühl

KUNST SEHEN

AUGUSTE RODIN

INHALT

„Das Auge sieht nur, wenn der Geist es führt."[1]

Auguste Rodin

1 I George Charles Beresford, **Auguste Rodin**, 1902

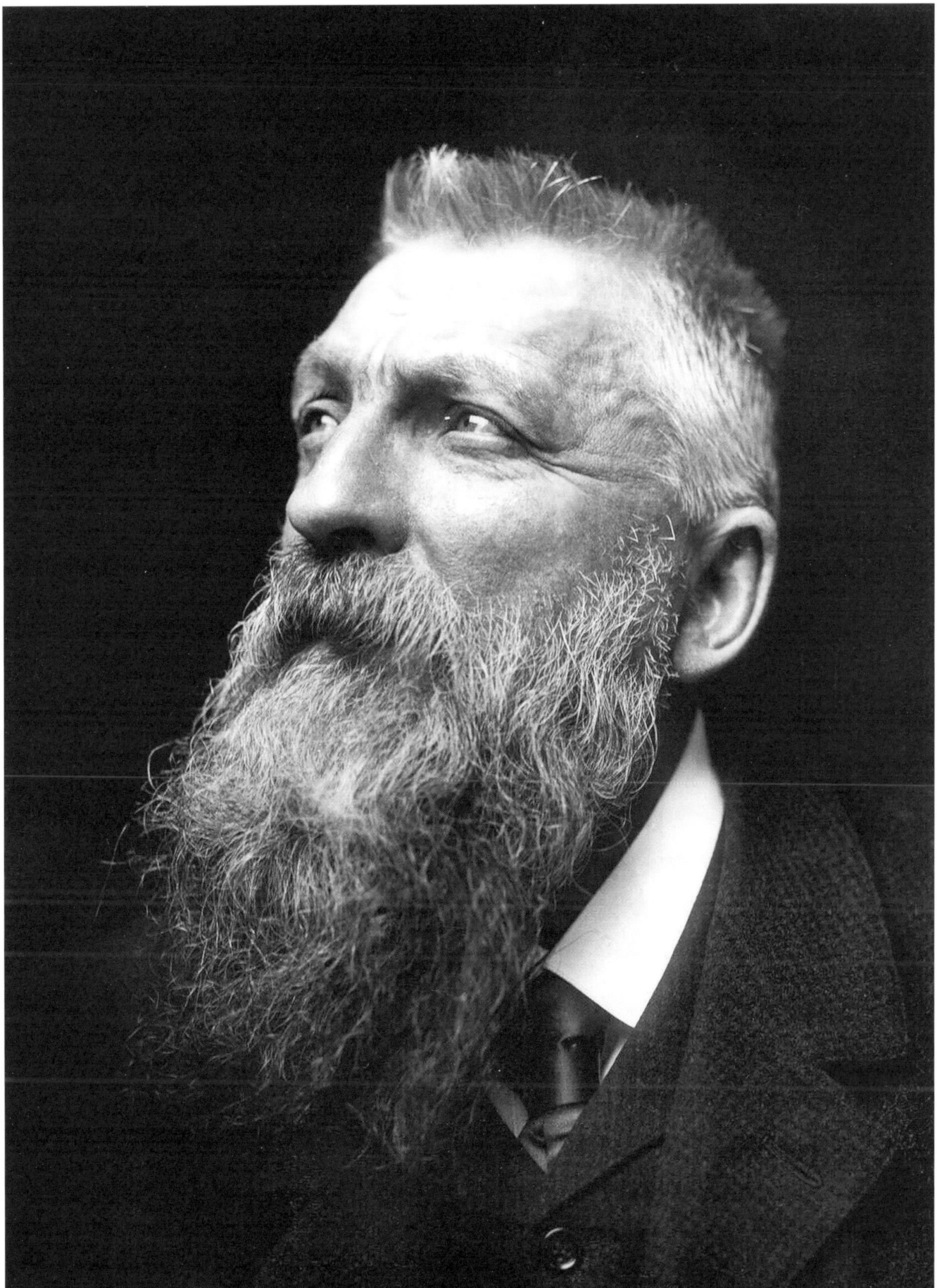

ERLEBNISCHANCEN IM ANSCHAUEN

Wenn wir uns mit Kunstgeschichte auseinandersetzen und Wissen über die Künstler:innen und ihre Werke erwerben, können wir feststellen, dass sich das auch auf unseren Blick auswirkt. Wissen beeinflusst unser Sehen. Und tatsächlich: Wer könnte ohne entsprechende Fachbegriffe eine romanische von einer gotischen Kirche, eine antike Skulptur von der eines Rodin unterscheiden?

So weit, so nachvollziehbar. Schließlich ist unser ganzes Bildungssystem darauf ausgerichtet, dass wir uns Wissen aneignen und dieses auf unsere Um- und Mitwelt anwenden gemäß der Maxime: „Man sieht nur, was man weiß."

In meinem kunstwissenschaftlichen Studium erging es mir, wie zuvor geschildert. Ich setzte mich mit unterschiedlichen Epochen, ihren spezifischen Formen und Stilen auseinander und gewann dadurch ein tieferes Verständnis über die Bedeutung einzelner Werke. Kurioserweise empfand ich, dass mit zunehmendem Wissenserwerb die Welt der Kunst auch ferner rückte, meine Leidenschaft mehr und mehr abkühlte und meine Begeisterung einem nüchternen Analysieren Platz machte.[2] Zwar erlernte ich immer mehr die Feinheiten von diversen Kunststilen und -formen zu unterscheiden – aber nahm ich die Kunst noch über meine eigenen Sinne wahr?

Michael Bockemühl setzt in seinen Vorlesungen den Schwerpunkt auf das Sehen. Als engagierter Kunstvermittler führt er uns an den Ausgangspunkt aller Wissenschaft, zu unserer eigenen Wahrnehmung hin. Zwar gilt auch für ihn der Satz: „Man sieht nur, was man weiß.", doch fügt er hinzu: „Man weiß aber auch nur, was man sieht."[3] Wenn uns jemand sagt, im Nebenraum stehe eine Skulptur Rodins, so haben wir – Michael Bockemühl folgend – erst dann ein wirkliches Wissen davon, wenn wir den Raum und die Skulptur selbst gesehen haben. Das Sehen dient folglich nicht nur der Bestätigung des Wissens, sondern verwandelt eine Vorstellung erst in eine greifbare Realität. Mit anderen Worten: Wissen ist hier nicht mehr bloß eine Angelegenheit des Denkens, sondern zugleich auch der Sinne.

Das aber ist nicht der Regelfall. Vielmehr sind wir es im Alltag gewohnt, alles, was wir wahrnehmen, sofort auch benennen und einordnen zu können.

„Man sieht nur, was man weiß.
Man weiß aber auch nur, was man sieht."

Michael Bockemühl

Dies gelingt uns so gut und vor allem so schnell, dass wir dafür kaum unsere Augen bemühen müssen, wie wir an folgendem Satz leicht überprüfen können: D1353 M1TT31LU8G D13N7 4L5 B3W315 D4F9R, D455 W1R O7N3 G3N49 H1NZ25CH473N I8 D3R L4G3 S17D, D135 Z2 L353N.

Würden wir uns die Buchstaben- und Zahlenfolge ganz genau anschauen, wären wir wohl kaum im Stande, damit einen Sinn zu verbinden. Deshalb gilt: J3 W3N1G3R W1R H1N5CH473N, UM50 L31CH73R 15T E3. Im Dahinflug gelingt es, den Inhalt des Satzes zu erfassen – ein genaues Hinschauen ist dafür nicht erforderlich.

Ein solch „automatisches" Sehen ist unbedingt notwendig. Es ermöglicht uns, im Alltag den Überblick zu behalten, uns im Raum zu orientieren und bewegen zu können. Angesichts einer auf Rot umspringenden Ampel erscheint es wenig sinnvoll, auf die Farbe des Signallichtes näher einzugehen und auf dessen Wirkung zu achten. Doch besonders in Bezug auf von uns als wesentlich eingestufte Dinge lohnt es sich, die Alltagsbrille einmal abzusetzen. Das gilt nicht zuletzt auch für die Kunst, die selbst einer vertieften Sehfähigkeit entspringt und – wie Bockemühl in seinen Vorlesungen aufzeigt – unser eigenes Sehen vertiefen kann. Im Zeitalter systematisch eingesetzter Verschleierungstechniken („eyewashing", „cognitive warfare" usw.) scheint es zudem immer erforderlicher, ein Sehen zu entwickeln, das nicht jeder beliebigen Eingebung folgt, aber auch nicht an festen Begriffen haften bleibt und sich allein von ihnen leiten und bestimmen lässt. Auf den Punkt gebracht: Wenn wir mit unseren Augen nur zu bestätigen suchen, was wir schon wissen, spielt unser Sehsinn nur eine untergeordnete Rolle. Wenn wir hingegen ernst nehmen, dass wir letztlich nur wissen, was wir auch wahrnehmen können, so rückt das Sichtbare mehr in den Vordergrund. Das aber ist keine geringe Herausforderung, denn wer ein Kunstwerk nicht nur ein paar Sekunden, sondern für einen längeren Zeitraum betrachtet und auf sich wirken lässt, wird schnell bemerken können, wie herausfordernd es ist, seine Aufmerksamkeit nach dem ersten Erkennen wach, neugierig und offen für neue Eindrücke und damit verbundene Erkenntnisse zu erhalten.

„Kunst ist Kontemplation. Sie ist das Vergnügen des Geistes, der die Natur erforscht und in ihr den Geist erahnt, von dem die Natur selbst beseelt ist."

Auguste Rodin

Professor Bockemühl breitet in seinen Vorlesungen weniger sein Wissen, sondern vielmehr eine Fülle von Beobachtungsmöglichkeiten vor uns aus, die es uns erlauben, die im Sehen erlebbaren Bewusstseinsprozesse mehr und mehr zu erfassen. Durch eine spezifische Folge ausgewählter Kunstwerke werden wir für das eigene Erleben im Prozess des Anschauens sensibilisiert. So können sich Schritt für Schritt die gewohnten Wahrnehmungs- und Erkenntnisgrenzen im Bewusstsein erweitern.

In der Vorlesung zu Rodin erfahren wir von den „Erlebnischancen in der Anschauung" (S. 16), die mit einem bewussten Sehen einhergehen. Darüber hinaus können sie uns auch Rodins Kunstauffassung näherbringen, der im Gespräch mit Paul Gsell bemerkt: *Kunst ist Kontemplation. Sie ist das Vergnügen des Geistes, der die Natur erforscht und in ihr den Geist erahnt, von dem sie selbst beseelt ist. Sie ist die Freude des Verstandes, der mit offenen Augen ins Universum schaut, indem er es mit Bewusstsein erleuchtet. Die Kunst ist die erhabenste Aufgabe des Menschen, denn sie ist der Ausdruck des Denkens, das die Welt zu verstehen und verständlich zu machen sucht.*[4]

Zusammen mit dem Grafiker und Künstler Frank Schubert haben wir eine Buchform entwickelt, die dem Charakter dieser Vorlesungen entspricht: Es ist der Versuch, die Abbildungen und Hinweise so anzuordnen, dass die Leserinnen und Leser Anschauliches und Gedankliches selbst verbinden können. Das eröffnet die Möglichkeit zu kritischer Distanz und zu eigener anschaulicher Überprüfung.

Wir haben uns darum bemüht, den vorliegenden Text behutsam und mit größter Sorgfalt zu überarbeiten. Um den Zugang zu der frei gesprochenen Vorlesung zu erleichtern, die wir ohne die ausgeprägte Mimik und Gestik des Vortragenden und seine konkreten Fingerzeige auf Details der Abbildungen erfahren, haben wir den Wortlaut an einigen Stellen ergänzt, gekürzt und mit Zitaten und Fußnoten versehen. Um den Lesefluss nicht zu unterbrechen, sind die Änderungen nicht extra gekennzeichnet.[5] Nähere Informationen zu Bockemühls Vorlesungszyklus finden Sie unter: www.kunst-sehen.info

David Hornemann v. Laer
Witten im Juni 2023

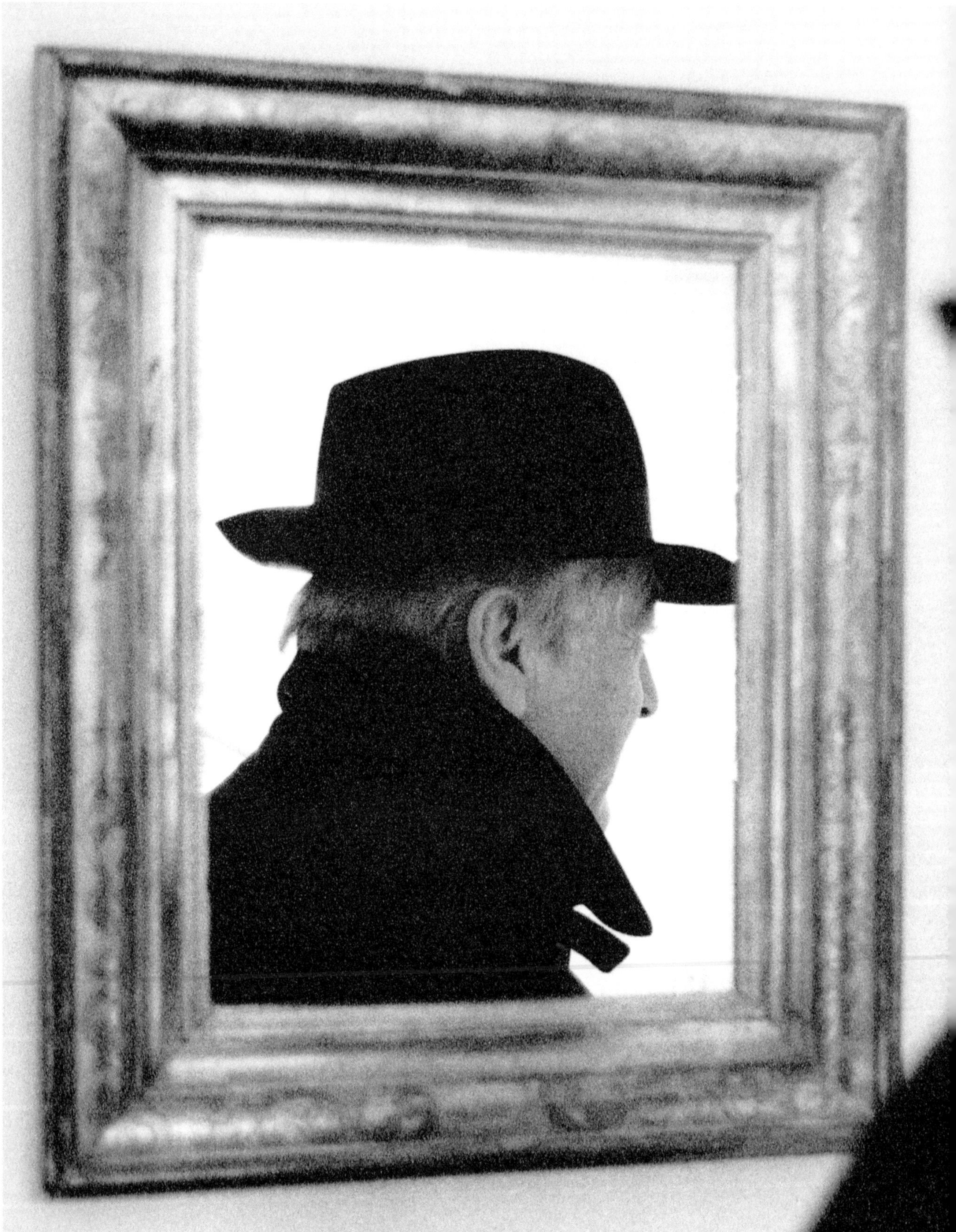

VORLESUNG: RODIN – OBERFLÄCHE. TIEFE. LICHT.

„WELCHE CHANCEN HAT EIN KUNSWERK FÜR DAS ENTDECKEN UNSERER EIGENEN SINNE?“

Meine Damen und Herren,

die Frage, die wir uns hier immer wieder stellen ist, wie man mit Kunst umgehen kann. Und so viele Menschen, wie hier im Raum versammelt sind, so viele Möglichkeiten gibt es – ja, man müsste eigentlich sagen: so viele Menschen wie es gibt, so viele Möglichkeiten gibt es. Es gibt nicht das eine Richtige. Aber es gibt vielleicht doch immer wieder besonders fruchtbare Ansätze.

Was uns in den folgenden Betrachtungen leiten soll, ist die Frage: Welche Chancen hat ein Kunstwerk für das Entdecken unserer eigenen Sinne?

Wir sind, was die Verstandeskultur betrifft, auf einem gewissen Höhepunkt – zumindest hoffen wir das immer so ein bisschen. Wir sind aber, was unser Sinneswesen angeht, noch gewissermaßen ganz am Anfang. Da bleibt vieles zu entdecken, denn häufig ist unserem Verstand noch ganz verborgen, was die Sinne uns eigentlich zutragen. Es ist immer wieder ein Entdeckungsgang, wenn wir versuchen, uns auf das einzulassen, was wir sehen. Das geschieht nicht einfach so von selbst.

2 | Michael Bockemühl, 2003

„Gewöhnliches Anschauen, richtige Ansicht der irdischen Dinge ist ein Erbteil des allgemeinen Menschenverstandes; reines Anschauen des Äußern und Innern ist sehr selten.“ [6]

Johann Wolfgang von Goethe

Zwar können Sie sagen: „Ja gut, ich mache die Augen auf, setze mich irgendwo hin und sehe und sehe und sehe.“ Aber setzen Sie sich einmal vor ein Bild oder eine Plastik und sehen Sie sich diese einfach nur an. Das ist ein ungeheuer spannender Vorgang – nur hält man das kaum länger als fünf Minuten aus, ohne gleich wieder klug zu werden. Das Klug-Werden ist natürlich ein ungeheurer Vorteil und ein Kulturgewinn, aber wir halten es nicht aus nur zu sehen, denn wir verlieren dabei das Bewusstsein. Wir schlafen ein und sind beim Sehen nicht mehr bei uns, sondern bei den Dingen. Und wenn man unter der Bedingung, bei sich zu bleiben, sehen will, muss erst ein höchst artifizieller Zustand erlangt werden.

Das Problem ist, dass die naive Anschauung, das schiere Glotzen, das pure Aufhalten der Augen nicht reicht. Wir müssen vielmehr gewisse Griffe tun und unseren Intellekt so stark einsetzen, dass wir ihn überlisten und wach bleiben. Es geht dabei aber nicht ohne strengste gedankliche Arbeit. Und gerade dann, wenn man die Gedankenkraft steigert und heranbändigt zum bewussten Anschauen, dann kommen auch zugleich die Erlebnischancen in der Anschauung zum Bewusstsein und werden handhabbar. Ich spreche von der Anschauung als ein „pars pro toto" für das Sinneserfahren. Und das ist der Sinn, warum wir im Studium fundamentale an der Universität Witten/Herdecke solche Dinge ernsthaft als Teil des Studiums üben. Wir versuchen, von dort aus Fähigkeiten zu erwecken, die dann auch in den Fachdisziplinen fruchtbar werden können. Wir hoffen, damit auch einen Beitrag zu leisten zu einer intensivierten neuen Wissenschaftsqualität. Denn wenn es irgendwo weitergehen soll in den Wissenschaftsbereichen, dann ist es gewiss nicht die Wissensvermehrung, sondern es ist die Intensität, die Qualität des Wissens, die hier von Bedeutung ist.

Und in diesem Zusammenhang wollen wir uns in den folgenden Vorlesungen mit den ganz besonderen Qualitäten beschäftigen, die fassbar werden durch eine bestimmte Kunstgattung, die Plastik, die ja im 19. Jahrhundert vollkommen zurückgedrängt war. Die offizielle Meinung war, dass die Plastik ein Element der Verschönerung von Architektur oder eine gewisse Steigerung oder Versinnlichung der Malerei bedeutet. Aber als Eigenwert hatte das Plastische eine Art Nullpunkt erreicht und wurde lediglich als Architekturdekor und versinnlichte Bilddarstellung erachtet. Nach Michelangelo gab es eine jahrhundertelange Pause, bis mit Rodin jemand auftrat, der eine Art Wendepunkt zur Kunst der Moderne markierte.

Das klingt nach einer groben Vereinfachung, wenn man das so sagt, doch so ist es nicht gemeint, denn nichts kommt einfach aus dem Nichts. So fußt auch die Verwandlung des Plastischen, wie sie sich in der Zeit von Michelangelo bis zum Ende des 19. Jahrhunderts zuträgt, auf einer ganz vielfältigen Tradition. Diese kann hier im Einzelnen nicht verfolgt

3 | Dornac (Paul François Arnold Cardon), **Rodin in seinem Atelier vor dem Denkmal für Sarmiento**, um 1898

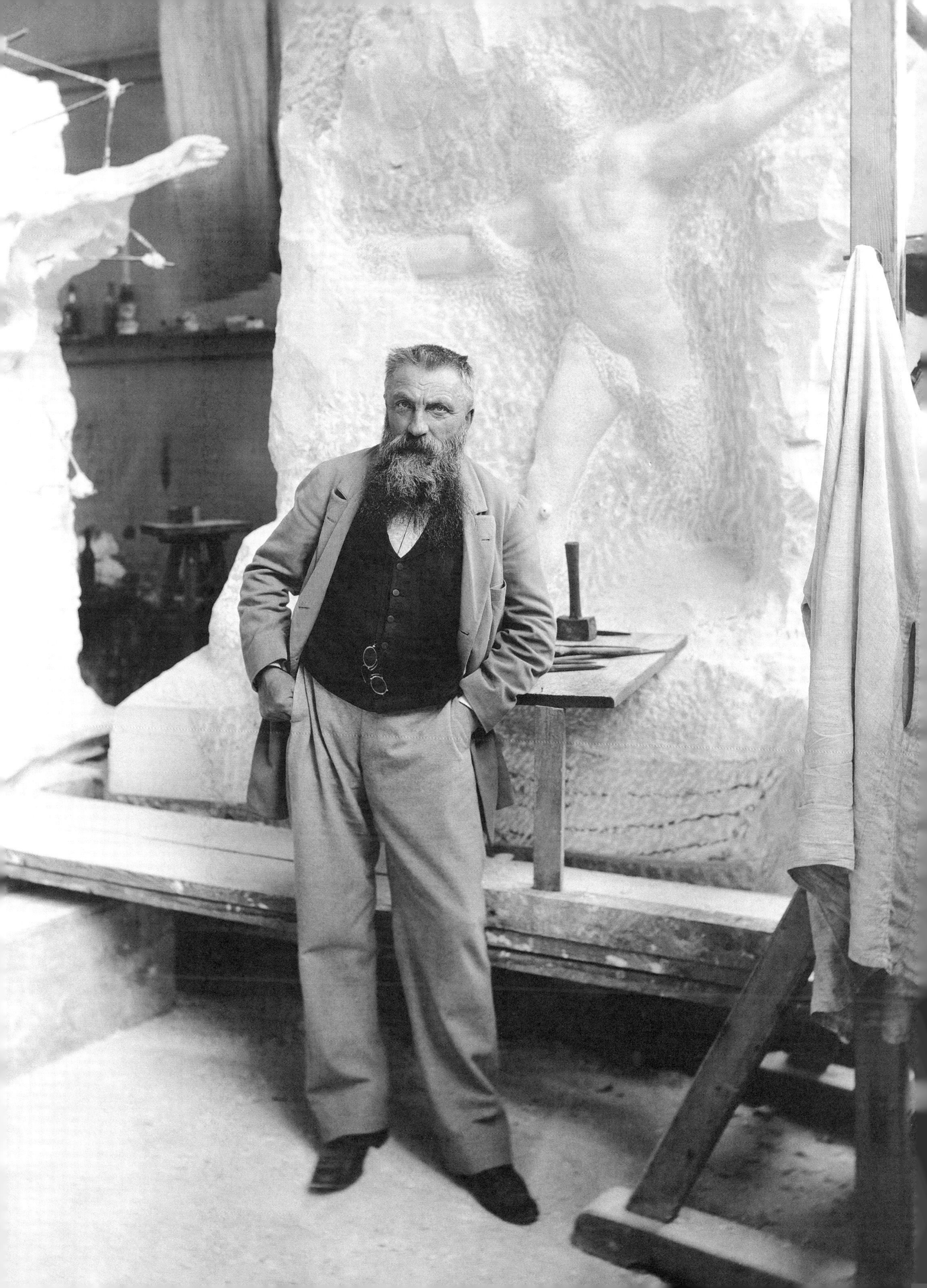

„Gilt das, was morgens aus dem Bett kommt als das Aussehen, oder soll man es erst nach dem Make-up gelten lassen?"

werden, da es uns nur darum geht, ein paar wichtige Elemente ins Auge zu fassen. Und das gilt erst recht auch für das Werk von Rodin, wo wir uns auf einige wichtige Sachen konzentrieren müssen.

In der Vorlesung zu Michelangelo hatten wir versucht uns darüber klar zu werden, in welchem Verhältnis die Idee, das Gedankliche, das man als Konzept fassen kann, zu dem Material steht, in dem es sichtbar wird. Wie also das, was der Künstler darstellen will, im Stein zum Ausdruck kommt.[7] Und wir haben dabei eine Beobachtung gemacht, die für viele Künstlerbiografien ganz wichtig und kennzeichnend ist. Man hält sie nur immer nicht für möglich, denn ihr Weg geht vom Abgeschlossenen, vom Vollendeten in Richtung des Unvollendeten, vom *finito* zum *non-finito,* vom Perfekten zum Offenen, zur offenen Form. Dabei gilt es auch zu beachten, dass in dem *non-finito* schon eine Deutung steckt, nämlich das Finale, der Wunsch, es möge doch ganz fertig werden. Wir haben dabei auch bemerken können, wie das Mitwirken des Steins die Inspiration im Schaffensprozess ändert. Der Stein bietet einen Widerstand für die Betrachtenden, indem sie selbst an der bleibenden, durch ihn festgehaltenen Form in eine eigene Bewegung kommen, die Formen in sich aufnehmen und sie durch ihren eigenen Anschauungsprozess verlebendigen. Dann wird der Stein zu etwas ganz Hohem, nämlich zum ständigen Anlass unabschließbarer Ideen, wie sich das an der nicht enden wollenden Literatur zu Michelangelos Werken zeigt.[8]

Die Frage nach der plastischen Erfahrung ist immer auch die Frage danach, welche plastische Erfahrung wir an der menschlichen Gestalt machen, wie wir uns als menschliche Gestalt fassen können. Rodin würde sich diese Frage ganz anders als Michelangelo stellen. Und es ist zunächst sehr wichtig, sich darüber klar zu werden, was eigentlich das Problem ist, vor das sich Rodin gestellt sieht. Es ist – das könnte man noch ganz parallel zu Michelangelo sehen – das Problem einer unglaublichen Könnerschaft, einer physischen Schaffens- und Formkraft, die es ermöglicht, eine Gesamtgestalt so zu komponieren, dass alle Details zusammenstimmen.

Rodin war zunächst bei einem Stuckateur tätig, einem Ort, wo man sich plastisch zum Beispiel an Hausfassaden, Denkmälern oder in Vestibülen betätigen konnte, also überall dort, wo irgendwelche Plastiken aufgestellt wurden. Da war er zunächst richtig aufgehoben. Er hat sich dann dreimal an der Pariser Kunstakademie beworben, um Bildhauerei zu studieren. Er wurde aber jedes Mal abgelehnt, nicht, weil er nichts konnte, sondern im Gegenteil, weil seine Könnerschaft aneckte. Da gab es also ein anderes Problem.

Wenn wir unsere Leiblichkeit erfassen, dann können wir feststellen: jeder sieht irgendwie aus. Also wir haben ein Aussehen, das ist wie es ist. An diesem Aussehen – an der Art, wie wir gewachsen sind, wie unser Körper aussieht –, werden wir normalerweise auch erkannt. Deshalb werden ja auch Fingerabdrücke gemacht und das Ohrläppchen identifiziert und dergleichen.

Etwas ganz Anderes ist aber die momentane Stellung, in der dieses Aussehen durch eine Aktion modifiziert wird. Es gibt jetzt einige unter Ihnen die lächeln, das aber ist nicht das typische Aussehen. Ist es also die entspannte Dauerstellung, die das Aussehen ausmacht? Sie merken, das Aussehen ist gar nicht so einfach zu definieren: Gilt das, was morgens aus dem Bett kommt als das Aussehen, oder soll man es erst nach dem Make-up gelten lassen?

Wir müssen auch berücksichtigen, dass unsere unmittelbare Gestimmtheit dazu beiträgt, wie wir aussehen. Zum Beispiel gibt es Leute, denen man an der Nasenspitze ansieht, dass sie fröhlich sind. Andere sind zornig oder traurig, also in einer bestimmten emotionalen Verfassung, die sich im Aussehen widerspiegelt. Schließlich sind wir in unterschiedlichen Tätigkeiten begriffen, die unser Aussehen ebenso beeinflussen. Denken Sie nur, welchen Unterschied es für unser Aussehen macht, ob wir gerade nachdenken oder mit einem Spaten den Erdboden umgraben. Und diese verschiedenen Aktionen und inneren Stimmungen gliedern sich sozusagen dem Aussehen an.

Wenn ich zum Beispiel meine Hand hebe und eine redeerläuternde Gebärde mache, ohne zu reden, dann würden Sie denken: „Na, jetzt kommt irgendwas, jetzt sagt er doch was." Wir kennen das schon und können das sogar lesen. Viel weniger ausgebildet haben wir aber die Fähigkeit zu lesen, was es heißt, wie einer aussieht.

Johann Caspar Lavater (1741–1801) hat sich zum Beispiel mit der Frage beschäftigt, ob sich von der Außenseite eines Menschen auf das Innere schließen lässt.[9] Was hat also dazu geführt, dass dieser Kerl eine solche Nase hat? Aber eben auch: *Wie* kommt es zu diesen Befindlichkeiten, zu diesen Tätigkeiten? Das Äußere und das Aktionale, das, wie es ist und das, was es tut, was sich ausdrückt, das *Aussehen* und der *Ausdruck*, das sind die zwei Pole.

Was soll jetzt der Plastiker darstellen, wenn er es mit einem menschlichen Körper zu tun hat? Soll er in das Szenisch-Ausdruckshafte gehen, oder soll er zeigen, was ist? Eine Frage, die gerade in der Porträtmalerei seit der Renaissance immer wieder gestellt wird: Sollen wir den Mann zeigen, wie er aussieht, oder sollen wir ihn darstellen, wie er sich verhält? Ist ein Porträt ein Ereignis oder bilde ich nur die Gesichtszüge ab? Mache ich als Künstler sichtbar, was sich vom Inneren an einer Außenseite zeigt, oder zeige ich ein Ding, das ist, wie es ist? Gucken Sie in den Spiegel und fragen Sie sich: Was bin ich? Wie sehe ich aus? Oder: Was mache ich gerade?

Ganz sauber kriegt man das nie getrennt, denn es ist immer etwas von dem Einen im Anderen enthalten. Selbst wenn Sie das neutralste Fotografie-Gesicht machen, sieht man das gerade am Foto als Aktion: „Aha, der wird jetzt fotografiert". Also absichtlich so auszusehen, wie man aussieht ist eine Kunst, die der Schauspieler in höchstem Maße zu kultivieren hat.

Der Künstler muss sich entscheiden, worauf er hinauswill. Und da ist es natürlich verheerend, wenn das, was er tut, vom Aussehen her schon nicht dem entspricht, was die Zeit erwartet. Das ist, wie wir sehen werden, das Problem des jungen Rodin, dessen Kunst zunächst nicht anerkannt wurde.

Jetzt fangen wir einfach einmal an, uns dieser Problematik zu nähern. Die Frage wird also sein, ob wir es mit einem Abbild des Äußeren oder mit einer Ausdrucksgebärde zu tun haben, die das, was man in sich trägt, zum Vorschein bringt. Keiner kann wirklich wissen, was im Anderen vor sich geht. Dennoch sehen wir sofort, wenn jemand weint, dass wir da teilnehmen können. Schon kleine Kinder weinen mit, wenn so richtig geweint wird, auch dann, wenn sie gar nicht wissen warum. Aber das Nachspüren ist etwas, wo man von außen auf ein Inneres schließt und zum anderen ein Äußeres als äußeres Abbild hat.

Wenn wir uns nun dem Werk Rodins nähern, dann haben wir es – wie bei Michelangelo – mit einer sehr langen Schaffenszeit zu tun, die 1863 beginnt und bis zu seinem Tod im Jahre 1917 andauert.[10] Es ragt sein Schaffen also aus dem 19. Jahrhundert bis ins zweite Jahrzehnt des 20. Jahrhunderts gleichsam wie ein hervorragender Fels zu uns herüber.

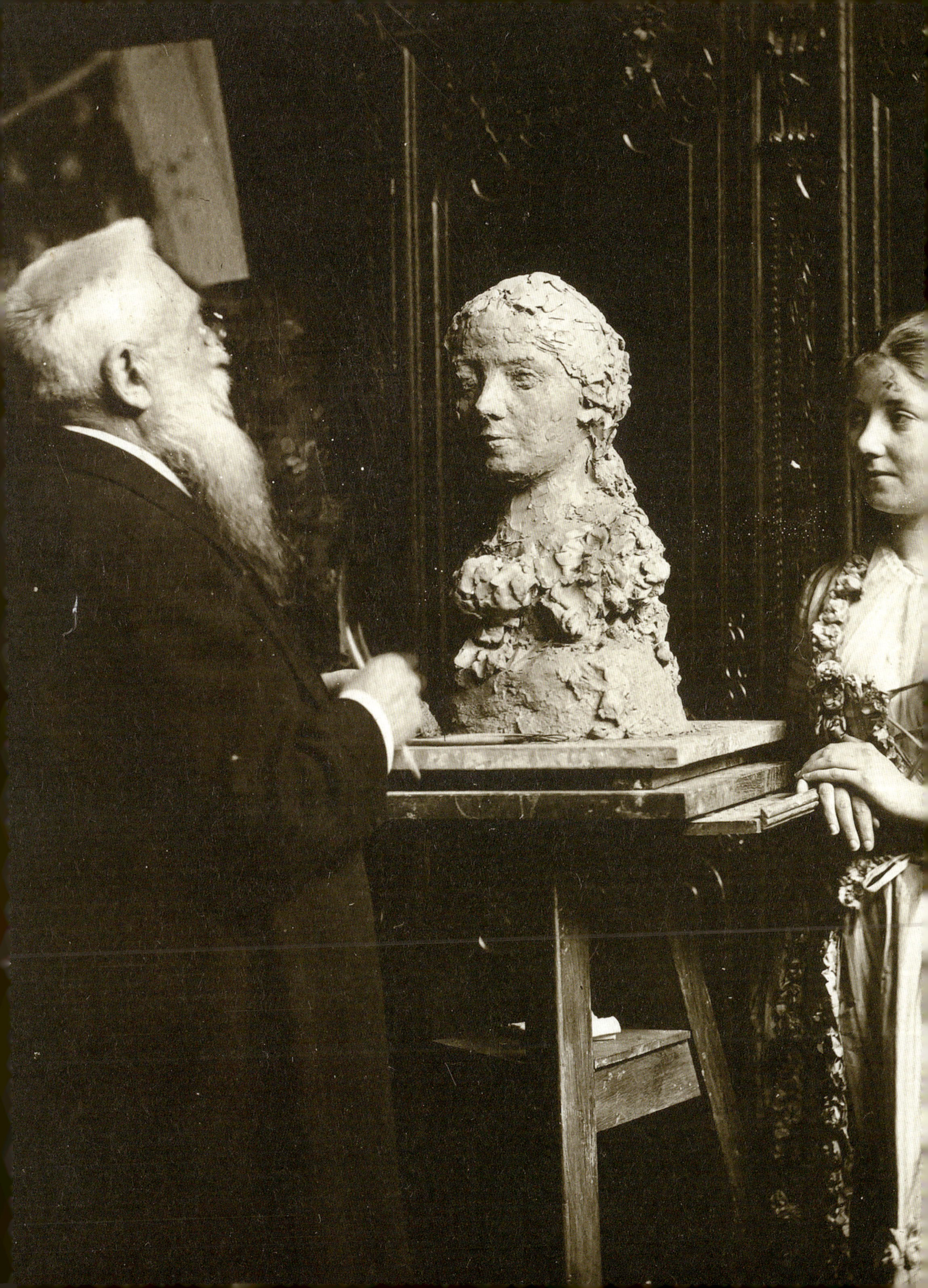

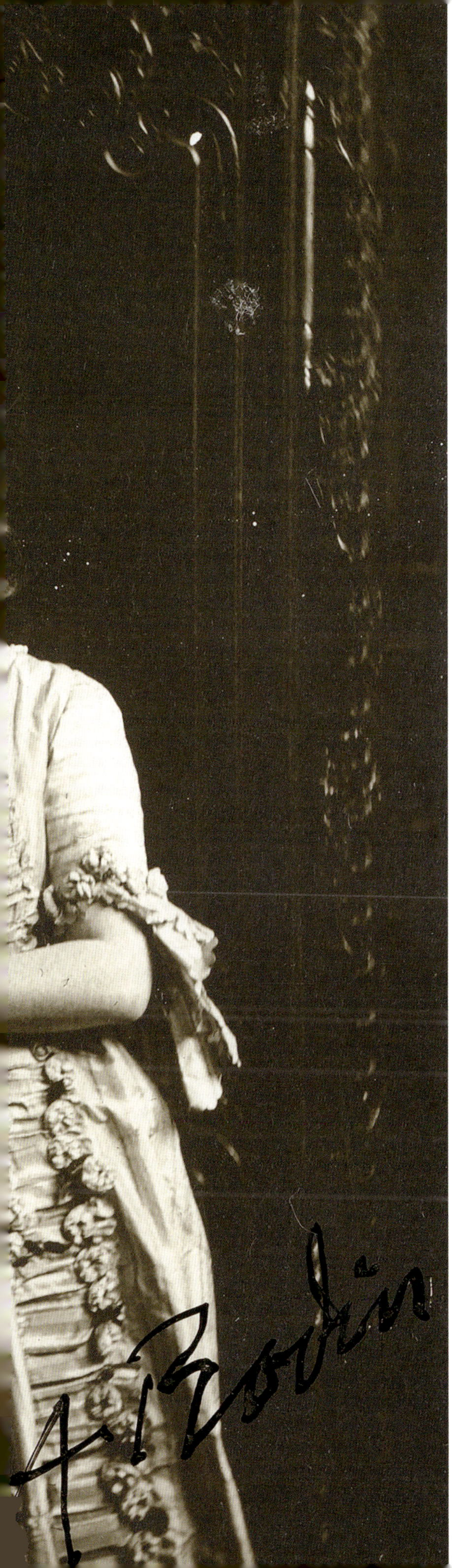

I. VON DER KONGRUENZ MIT DEM VORBILD

„Der Künstler, der sich mit äußerer Ähnlichkeit begnügt und wertlose Einzelheiten mit sklavischer Genauigkeit nachbildet, wird nie ein Meister sein.“ [11]

Auguste Rodin

Beginnen möchte ich mit Rodins Büste *Der Mann mit der gebrochenen Nase*. Das ist seine erste öffentliche Darstellung.

Dieser Mann ist nun einfach so, wie er aussieht. Und das ist jetzt nicht, weil er die Nase einzieht, sondern weil sie zerbrochen ist. Das ist also typisch Abbild. Es entsprach aber nicht dem, was man erwartet hat. Rodin lag sozusagen mit seinem Abbildungsanliegen quer zur damaligen Kunstlandschaft. Selbst seine große Begabung half ihm, wie schon erwähnt, nicht bei der Aufnahme in die Akademie. Mit so etwas konnte man hier nicht ankommen.

Ich mache es hier bewusst mehr anekdotisch – man könnte natürlich viel mehr dazu sagen –, und komme gleich schon zum nächsten Werk.

4 I (S. 20–21) Eugène Druet, **Rodin und Henriette,** Paris 1915–1916 (Ausschnitt)
5 I Auguste Rodin, **Der Mann mit der gebrochenen Nase**, 1864

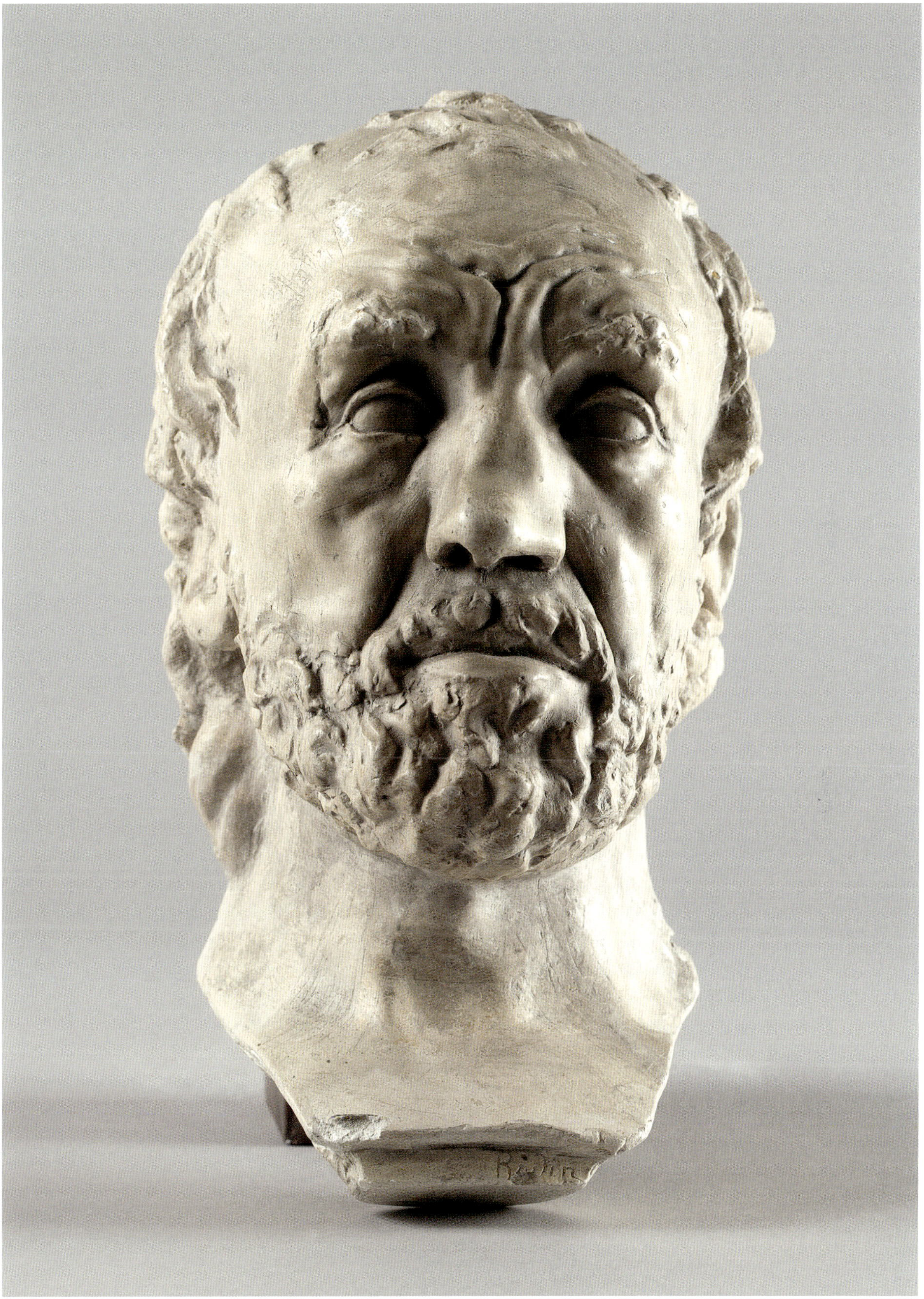

Um zu zeigen, was Könnerschaft heißt, sollten wir uns auch dieses frühe Werk anschauen. Rodin schuf es aus einem mehr oder weniger autodidaktischen Können heraus. Das floss ihm geradezu aus den Fingern. Das konnte er. Und er hätte sich sozusagen ein gutes Leben machen können, wenn er damit in Serie gegangen wäre.

Es zeigt sich hier eine außergewöhnliche Gestaltungsfähigkeit. Auch wenn wir das Vorbild nicht kennen, wissen wir sofort: so sieht jemand aus. Das ist so wahrscheinlich und hat eine so unglaubliche, auch ins Naturalistische spielende Überzeugungskraft, dass es da kein Drumherum gibt. Das ist anatomisch außerordentlich gut getroffen. Und das ist das Problem des Aussehens.

6 | Auguste Rodin, **Junge Frau mit Blumenhut**, um 1865

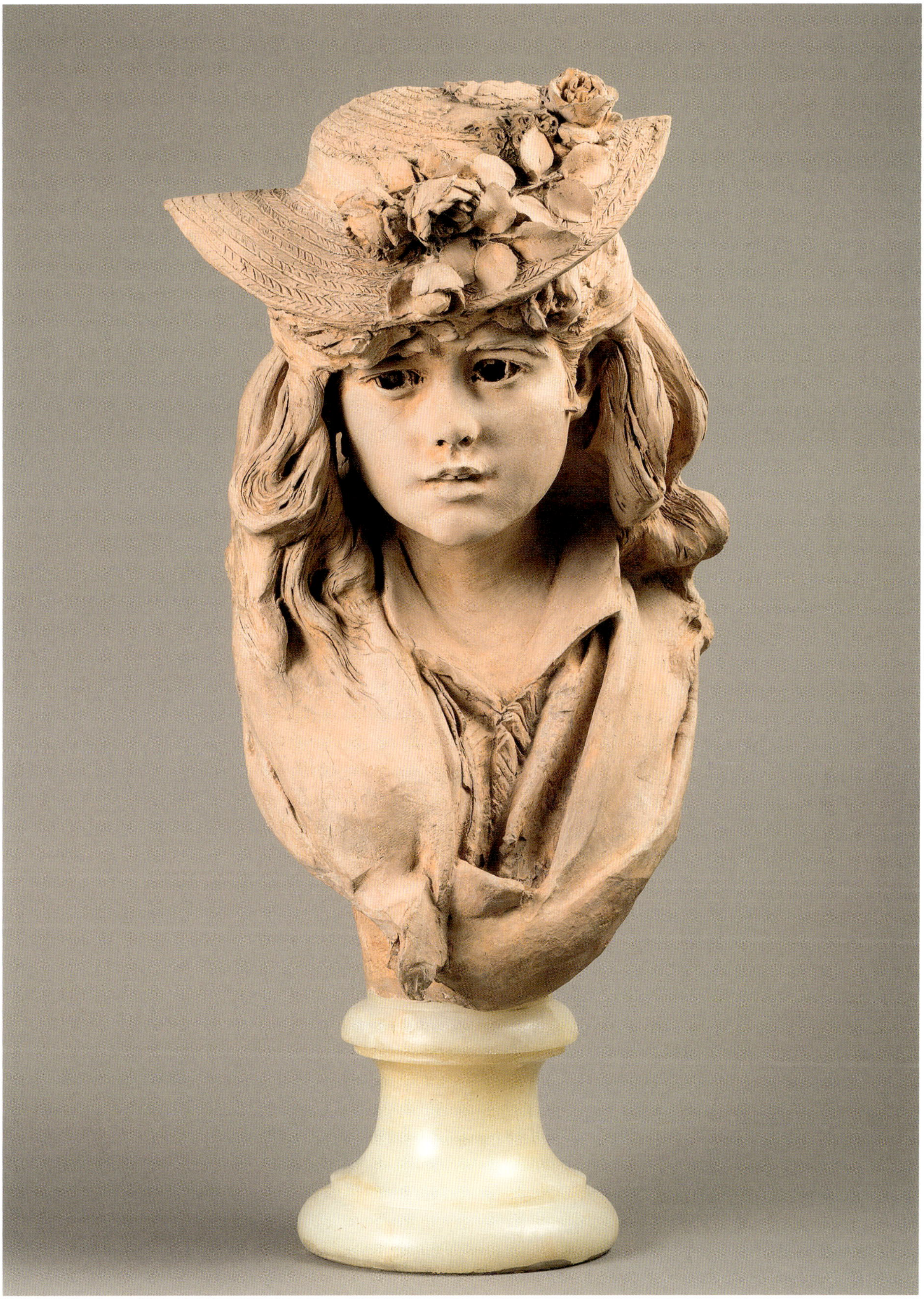

Ich möchte Ihnen nur episodisch aus dem Frühwerk solche Gebilde wie diese Vase mit dem gestalteten Sockel zeigen – ungeheuer bewegte, anatomisch außerordentlich grandios geformte Gestalten. Rodin schuf sie für das Modell einer von Carrier-Belleuse entworfenen Vase.

Die kraftvollen Figuren erinnern an Michelangelos *Ignudi*, wie sie der Künstler 1876 an der Decke der Sixtinischen Kapelle in Rom zu Gesicht bekam.

Wir können dieses unglaublich artifizielle Frühwerk leider nicht im Detail betrachten, das vollkommen den Erwartungen der damaligen Zeit entsprach und dem jungen Rodin große Anerkennung brachte. Sie kennen diesen Stil ja aus dem Pariser Gebäudeschmuck, der – wie wir sehen werden – weit unter den Möglichkeiten des Künstlers lag. Der eigentliche Skandal ging erst mit dem nächsten Werk los.

7 | Albert-Ernest Carrier-Belleuse und Auguste Rodin, **Vase der Titanen**, um 1878

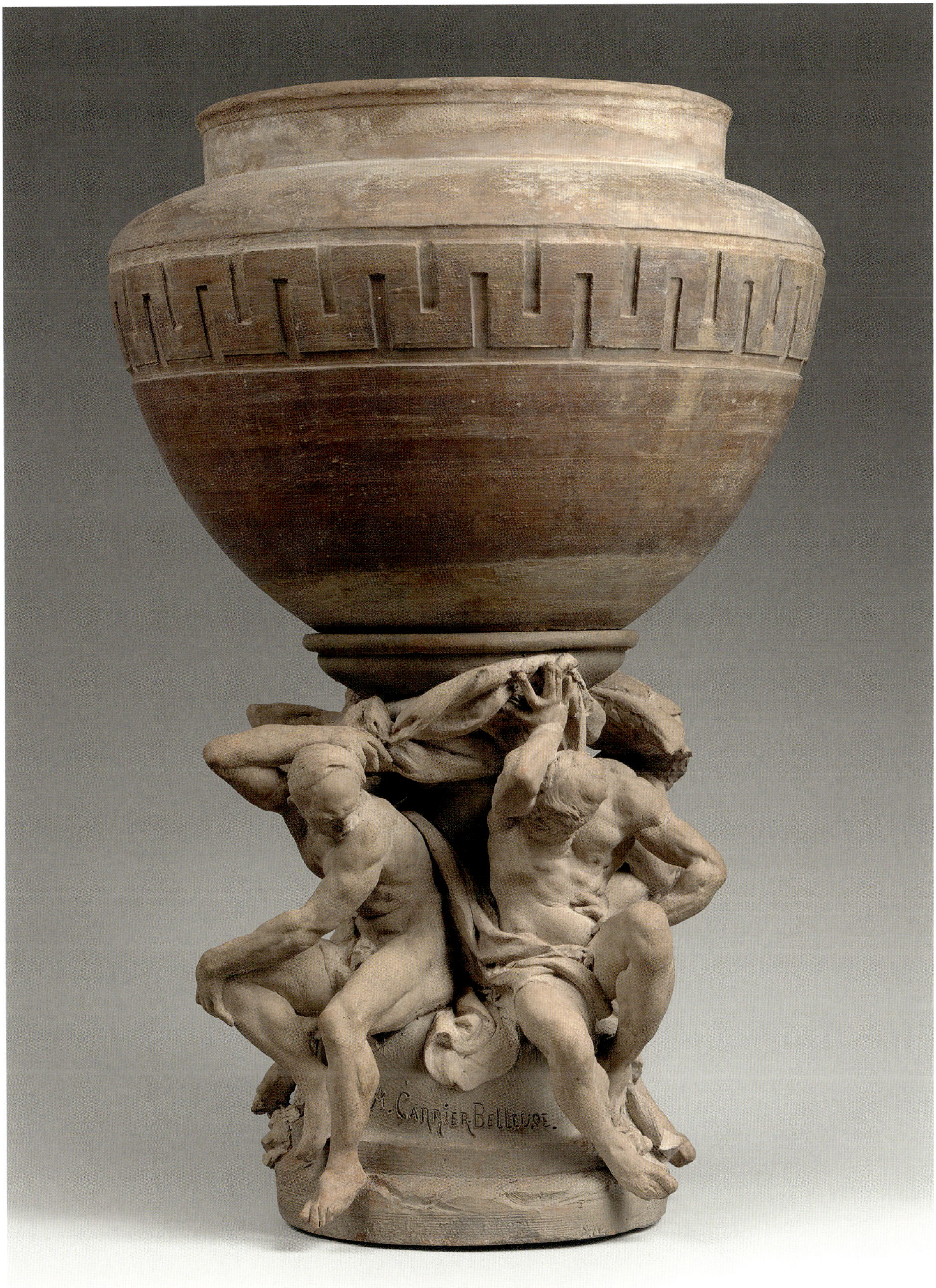
A. CARRIER-BELLEUSE.

Der Skandal bestand darin, dass bei den Kritikern plötzlich der Vorwurf aufkam, dass diese Gestalt keine Kunst sei und womöglich von einem lebenden Modell abgegossen wurde. Man sah sie als zu realistisch an und wollte nicht glauben, dass einer das so machen konnte.[12]

Die Proportionen sind außerordentlich präzise getroffen und die Physiognomie stimmt auf beängstigende Art und Weise. Auch half es Rodin nicht, dass er den Kuratoren versicherte, das Ganze nochmals in kleiner formen zu können. Er hatte zeitlebens an diesem Vorwurf zu knacken und rechtfertigte sich immer wieder damit, dass dies eben seine Fähigkeit sei. Aber es wurde zunächst zurückgewiesen.

Und nun ist Rodin einer der Wenigen, der eine Gestalt in Lebensgröße ablieferte, wo zunächst die Aktion nur eine untergeordnete Rolle spielte. Die Figur hat die Arme erhoben, die Augen geschlossen und ein Standbein und ein Spielbein, wie sie jede klassische Statue haben sollte. Man weiß nicht, was sie tut. Man sieht das pure Aussehen in einer unbestimmten Aktion. Dabei hat man die Möglichkeit, die Gestalt in ihrer eigenen Schwere zu begreifen. Sie ist leicht nach vorne übergeneigt, so dass man meint, sie stehe nicht – und die verschiedene Stellung der Beine könnte darauf hinweisen, dass jetzt ein nächster Schritt fällig wäre, sich also ein Bein aus dem Stand lösen müsste, um diese leichte Neigung nach vorn aufzufangen (Abb. 9).

Es war ganz und gar ungewöhnlich, eine menschliche Darstellung zu haben, bei der den Betrachtenden das pure Aussehen, die Außenseite einer Gestalt – so wie sie ist – einfach vor Augen gestellt wird. Die Folge war ein Schwall von Namensgebungen. Weil Frankreich gerade von Deutschland besiegt worden war, bezeichnete man die Statue als *Der Besiegte*, als *Der Verwundete*, aber auch als *Der Mensch der ersten Zeiten*, oder schließlich auch als *Das eherne Zeitalter.*

8 I Auguste Rodin, **Das eherne Zeitalter** (180 cm), 1876

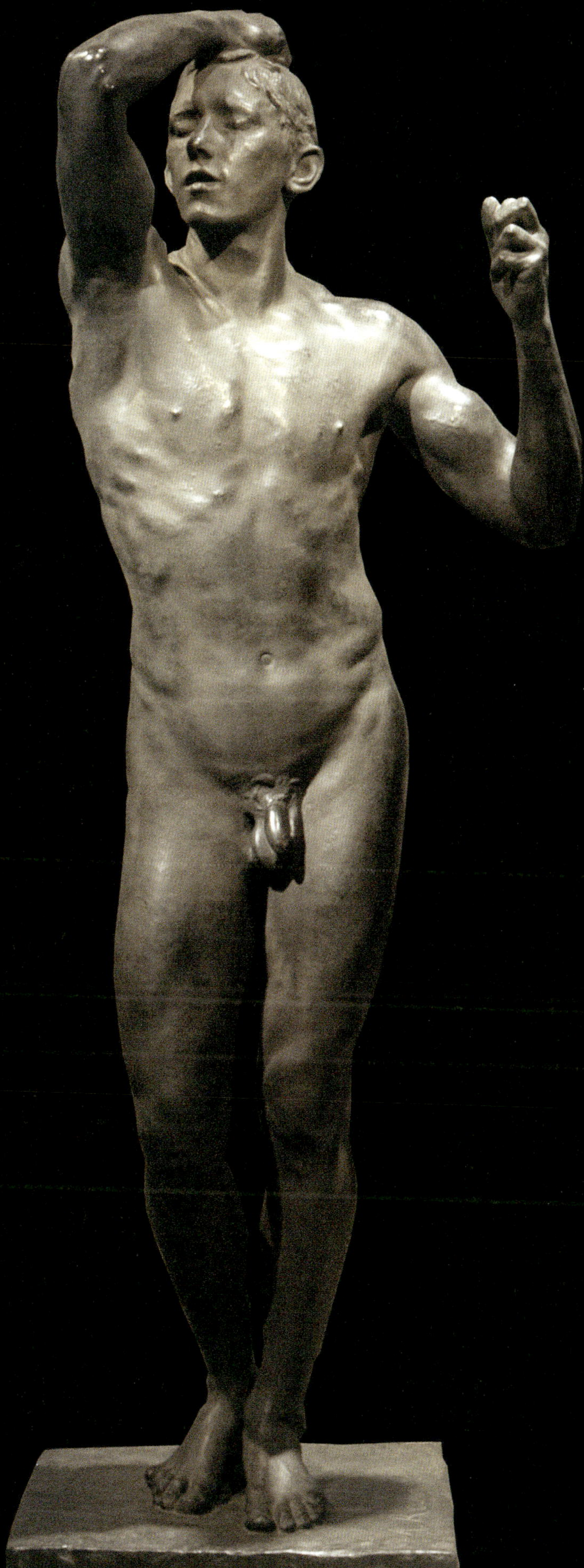

„Der Abguss gibt nur das Äußere wieder; ich arbeite außerdem den Geist heraus, der doch wohl auch einen Teil der Natur ausmacht. Ich sehe die ganze Wahrheit, nicht nur die Oberfläche. Ich betone die Linie, die den von mir zu deutenden geistigen Zustand am besten ausdrückt."[13]

Auguste Rodin

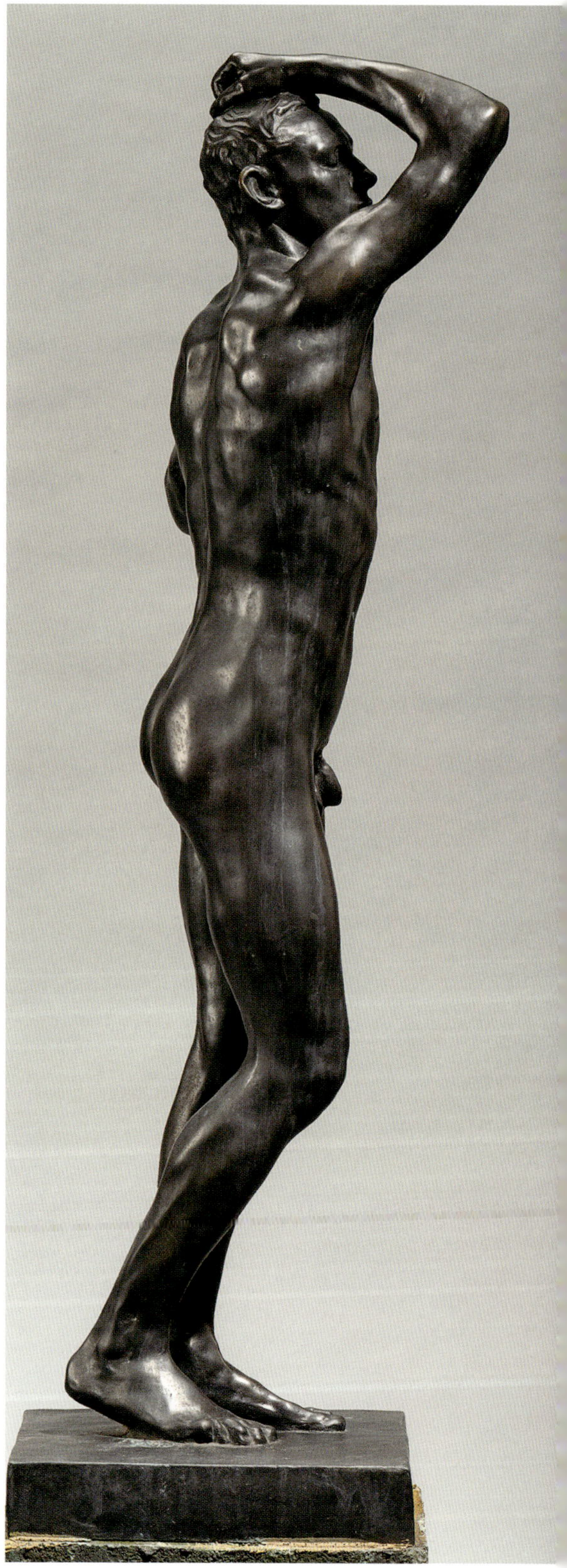

Ich möchte es gleich dazu sagen, Rodin hat später eine nahezu schmerzhafte ‚Neutralität' zur Namensgebung seiner Werke an den Tag gelegt. Er hat die Besuchenden, wenn er gefragt wurde, was das denn darstelle, die Namen selbst geben lassen. Manchmal schrieb er das dann gleich mit dem Bleistift auf den Sockel. Da dann aber mehrere Titel dastanden, ist es heute oft nicht immer leicht zu wissen, welches Werk gemeint ist, weil in jedem Buch ein anderer Titel steht. Das sollte Sie allerdings nicht irritieren, denn es kommt tatsächlich mehr auf die Plastik als auf den Titel an.

Ich habe diese Statue im Original leider noch nicht mit genügend Wachheit betrachtet, so dass ich nur weiß, wie sie aussieht. Ich habe aber nicht ausreichend auf die feinen Elemente des Vornüber-Geneigt-Seins geachtet. Es könnte sein, dass diese hohe Instabilität, die sich aus der Neigung ergibt, damit zu tun hat, dass der Körper so plausibel wirkt. Der Körper entspricht in seinen Lockerungen und Anspannungen durchaus dem, wie er tatsächlich aussieht.

9 | Auguste Rodin, **Das eherne Zeitalter** (104 cm), 1876

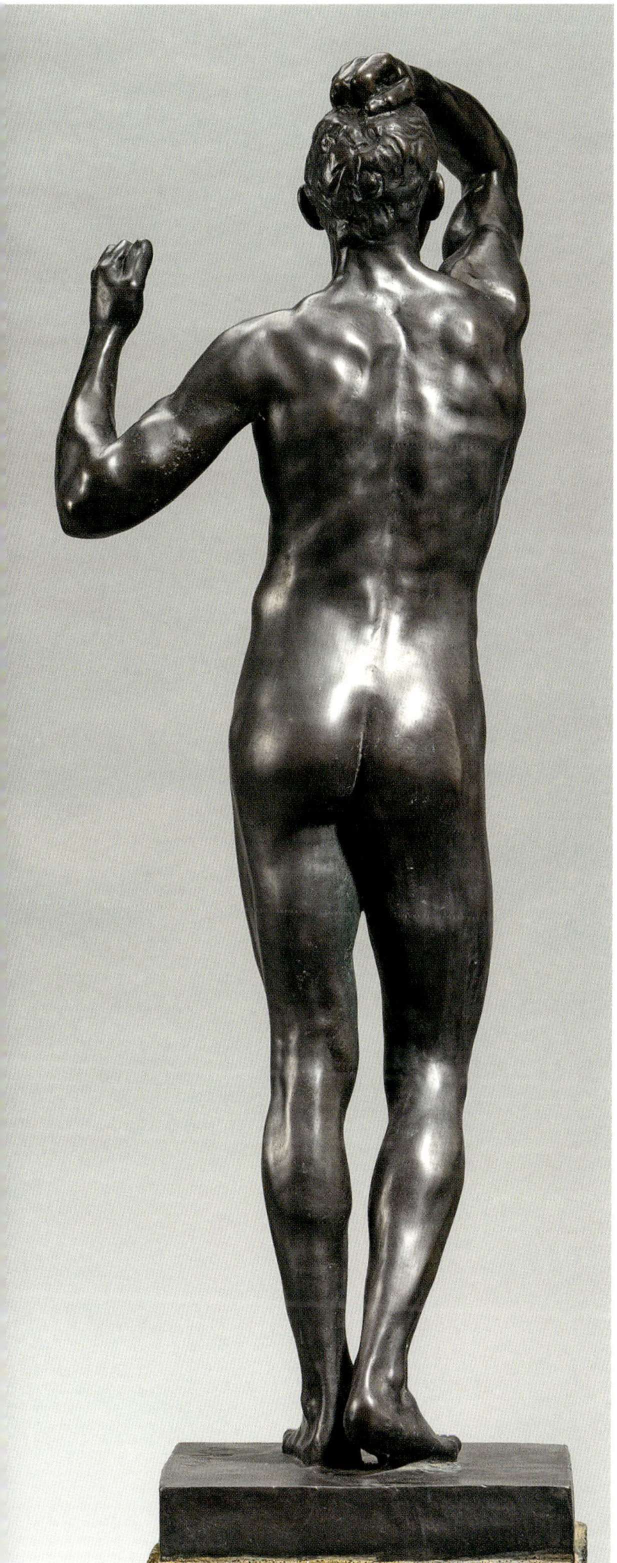
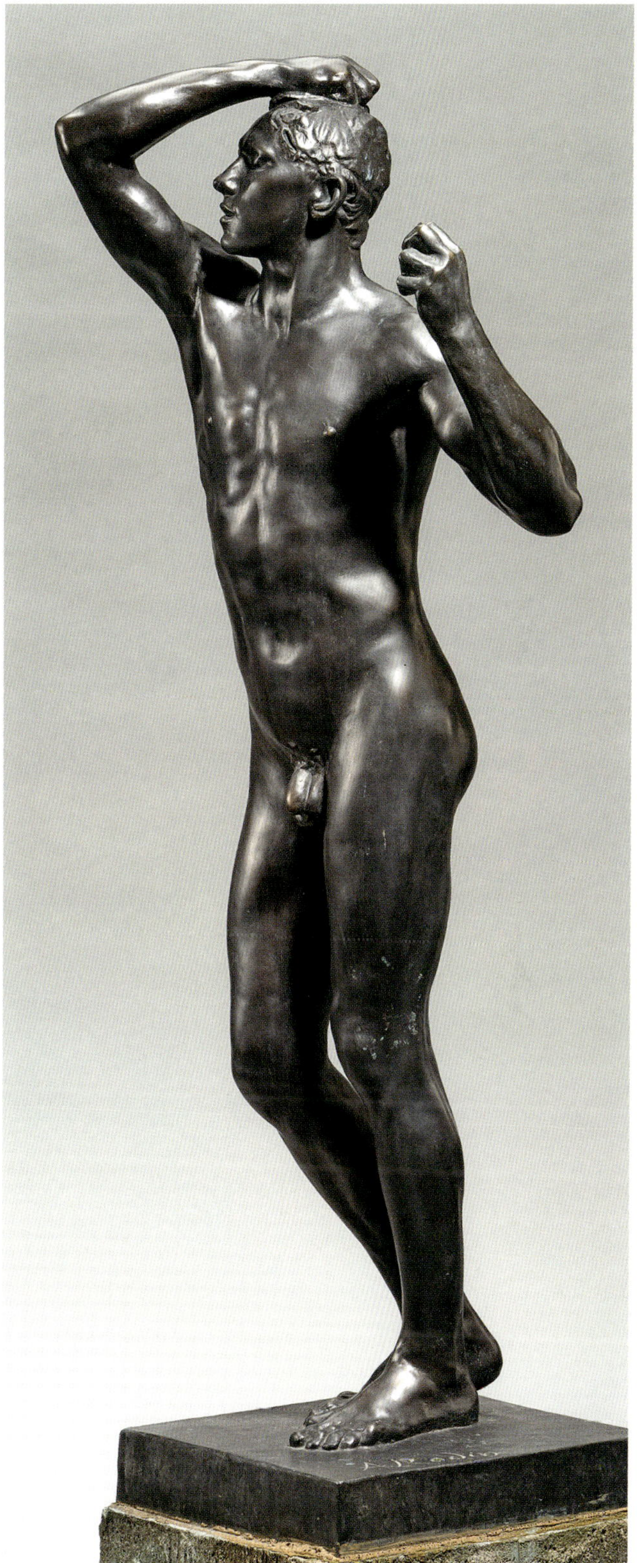

„Es gibt eine geistlose Genauigkeit, die Genauigkeit der Photographie und des Gipsabdruckes.“ [14]

Auguste Rodin

Das ist eine hohe Könnerschaft in Bezug auf das schiere Abbild. Eine Könnerschaft, die überhaupt einen Höhepunkt in der Entwicklung der Kunst darstellt. Nun kann man es endlich: eine Gestalt so formen, dass sie wie ein getreues Abbild wirkt. Man hatte sozusagen Jahrtausende darauf gewartet und es bis dahin immer wieder erfolglos probiert. Das konnte man vorher nicht. Genau dieser Punkt war es auch, wo sich die Fotografie aus der Wut heraus entwickelte, das Abbild genauso wie das Vorbild zu gestalten, sodass beides deckungsgleich wird. Die Kongruenz mit dem Vorbild: Das war sozusagen ein Telos, ein Ziel und jetzt konnte man es. In dem Moment wird es zum Problem und die Fotografie hat das natürlich überboten. Dabei ist die Abbildungserwartung an die Fotografie, an den Film und die anderen modernen Medien bis heute ungebrochen. Wir bringen den Abbildern die Erwartung einer hohen Authentizität entgegen und so gucken wir ein Foto an und sagen: „Ja, so sah ich damals aus”, oder: „Nein, eigentlich sehe ich ja doch immer noch ein bisschen besser aus.”

Rodin hatte seine Skulptur nicht nach einem Foto geschaffen, sondern nach einem jungen Soldaten namens Auguste Neyt, der ihm 18 Monate lang immer wieder als Modell zur Verfügung stand. Um dem erwähnten Abgussverdacht zu begegnen, beauftragte er einen Fotografen, sowohl die Gipsversion seines *Ehernen Zeitalters* als auch sein Modell aufzunehmen. Anhand des Vergleichs wollte er beweisen, dass seine Skulptur keineswegs eine bloße Kopie darstellt.[15]

10 | Auguste Rodin, **Das Eherne Zeitalter** (Gipsmodell), 1875–1876
11 | Gaudenzio Marconi, **Auguste Neyt**, 1877

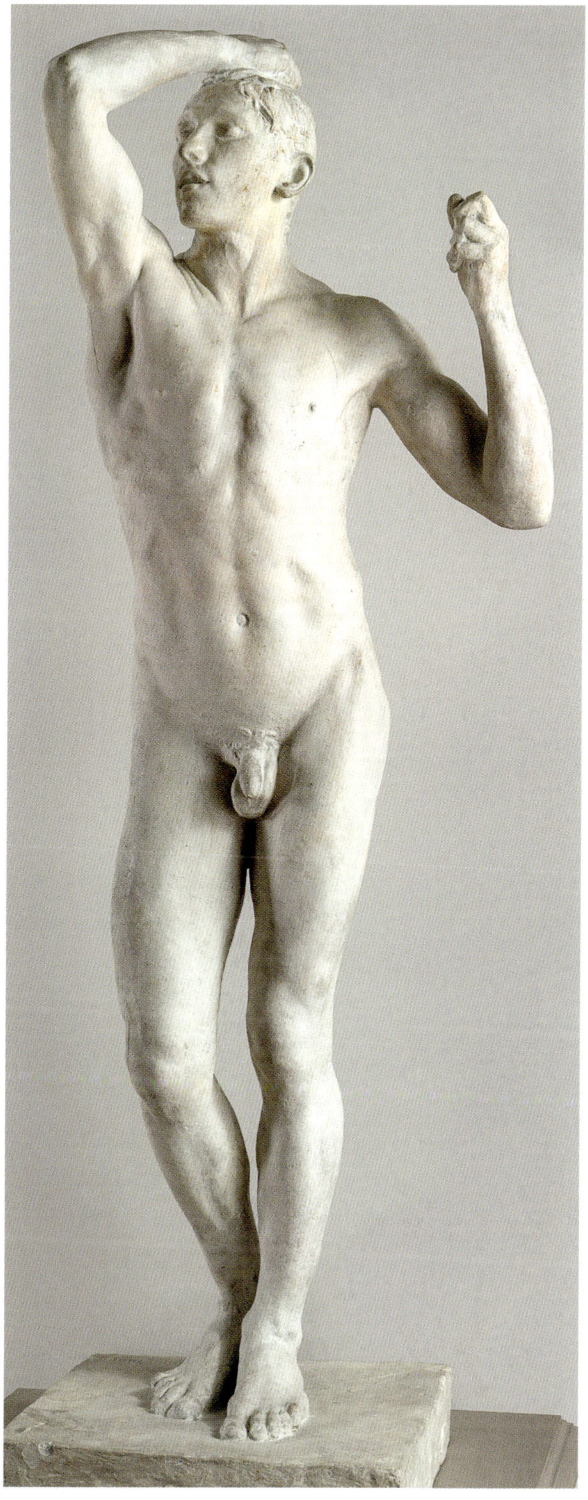

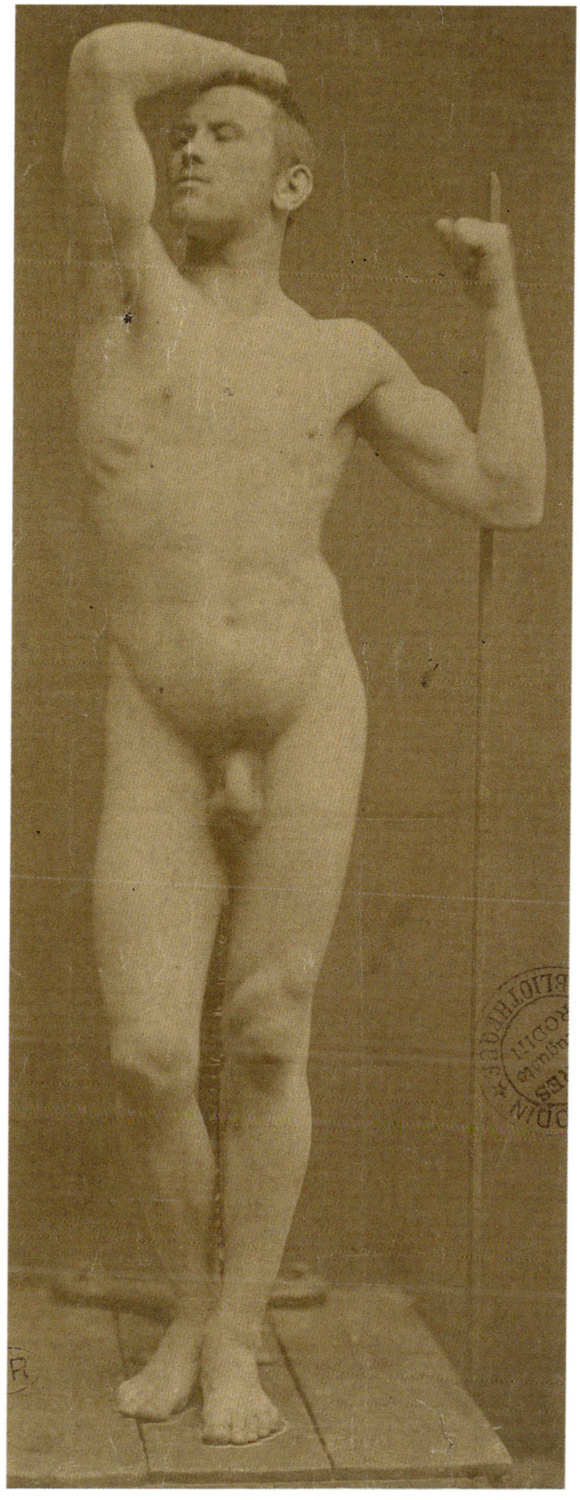

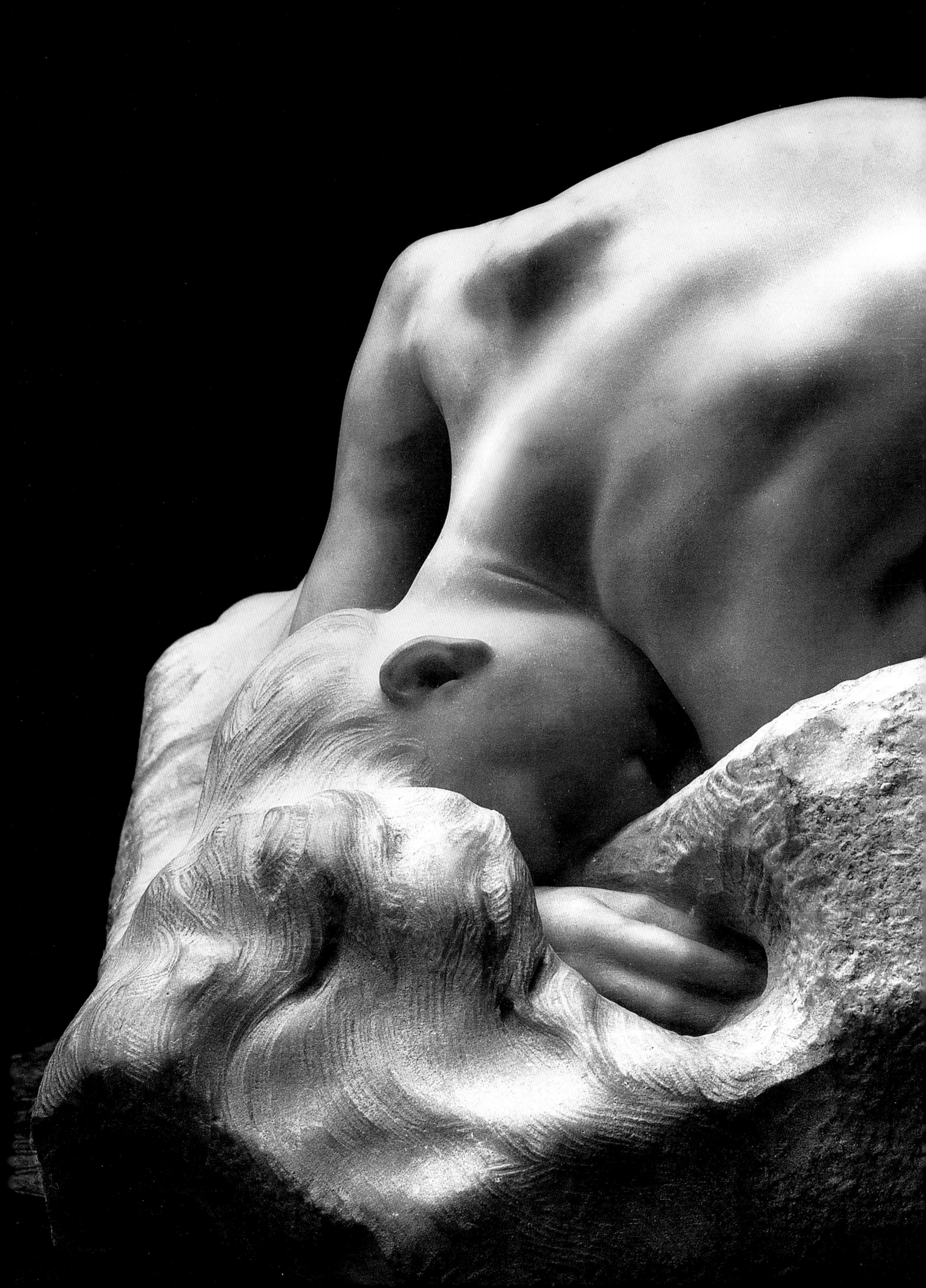

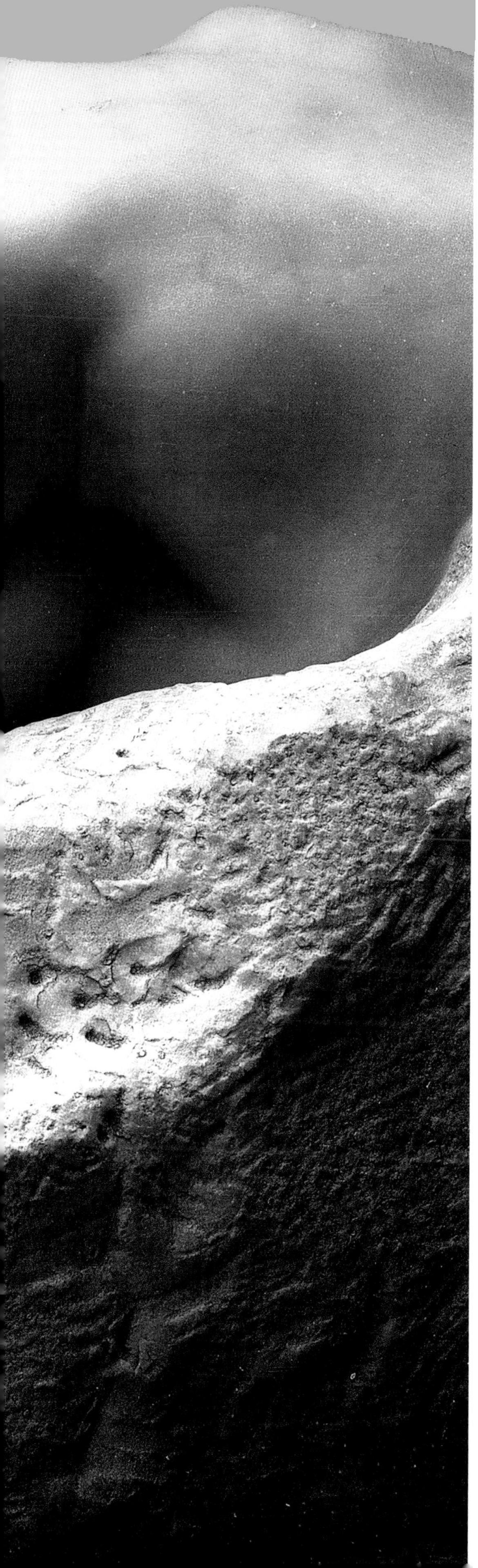

II. VON DER SCHÄRFUNG DES KÜNSTLERBLICKS

„... es gibt in der Natur nichts, was mehr Charakter hat als der menschliche Körper. In seiner Kraft oder in seiner Anmut ruft er die unterschiedlichsten Bilder hervor.“ [16]

Auguste Rodin

Ich greife nun auf eine der berühmtesten Plastiken Rodins zurück, auf die *Danaide*. ‚Danaide' ist auch ein zugesprochener Titel, denn diese Skulptur ist eigentlich nur eine vornüber geneigte, weibliche Gestalt mit einer überfließenden Vase auf der Seite. Das könnte auch dem Danteschen *Inferno* entsprechen, wo die Gattenmörderinnen zur Strafe im Jenseits ein löchriges Fass auffüllen sollen. Und hier ist also die verzweifelte Danaide, die diese Aufgabe nicht bewältigt. Aber das ist ein ganz äußerlicher Vorwand für diese Gestaltung.

Das Problem der Abbildlichkeit ist, dass wir normalerweise nicht in der Lage sind, hier nur den Stein zu sehen, denn man sieht Muskeln, Haut, eine weibliche Gestalt und fließende Haare. Wenn man an dieser Skulptur das Wahrnehmbare beschreiben will, redet man über Anatomie. Wir hatten dasselbe Problem schon beim *Ehernen Zeitalter* angesprochen, aber hier ist es noch krasser, denn die Perfektion, wie dieser Körper dargestellt wurde, ist ungeheuerlich: ein Körper in einer bestimmten Aktion, den wir durch spezifische Haltung, die Anspannung bestimmter Muskelpartien und das Licht- und Schattenspiel ganz exakt vor uns zu haben meinen. Dadurch entsteht unweigerlich der Eindruck einer vollkommenen anatomischen Einheit. Doch was überwiegt: die Gestalt aus Marmor, oder das Wissen von dieser Gestalt?

12 I (S. 34–35) Auguste Rodin, Danaide, 1890
13 I Auguste Rodin, Danaide, 1890

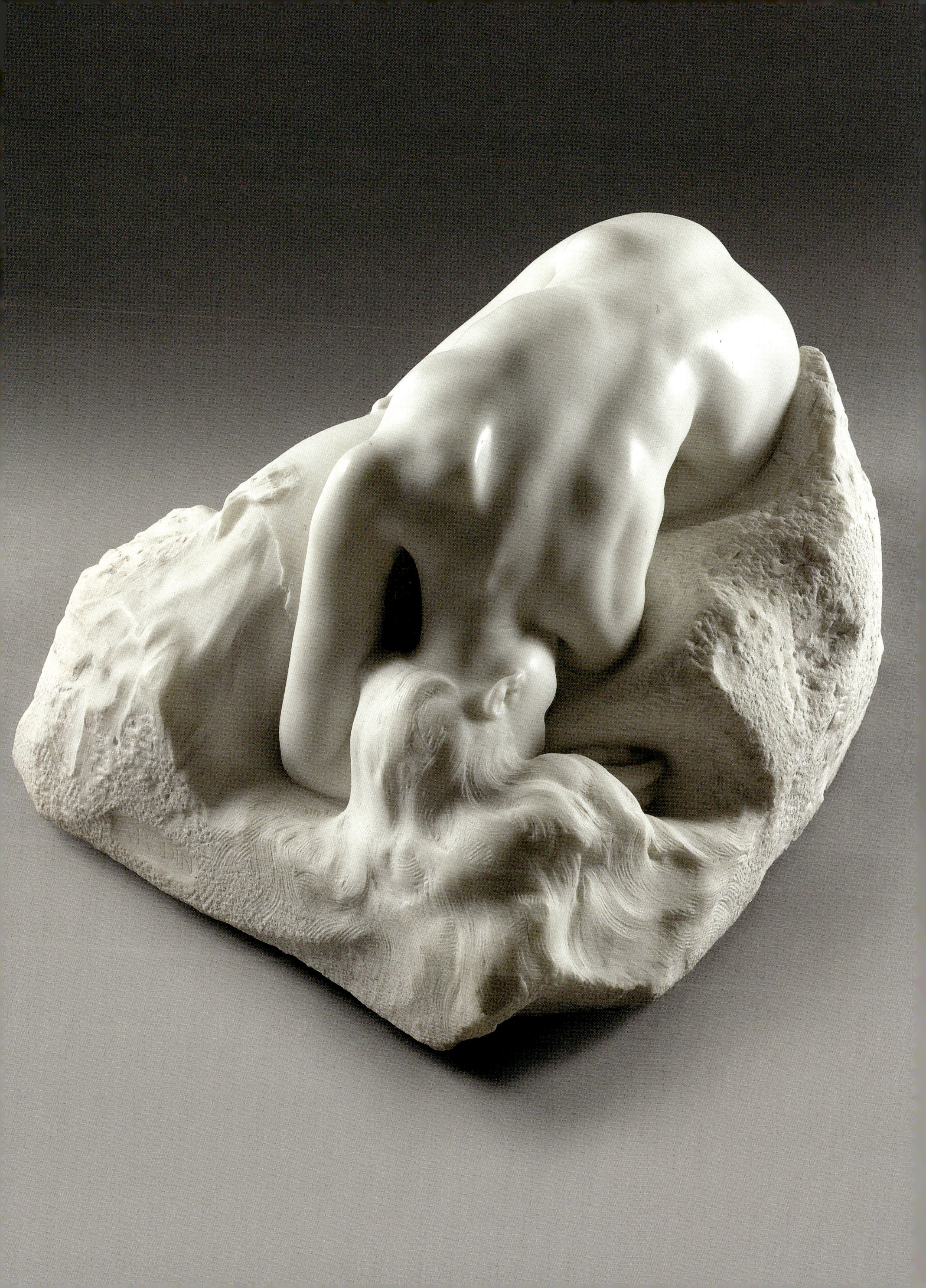
A.RODIN

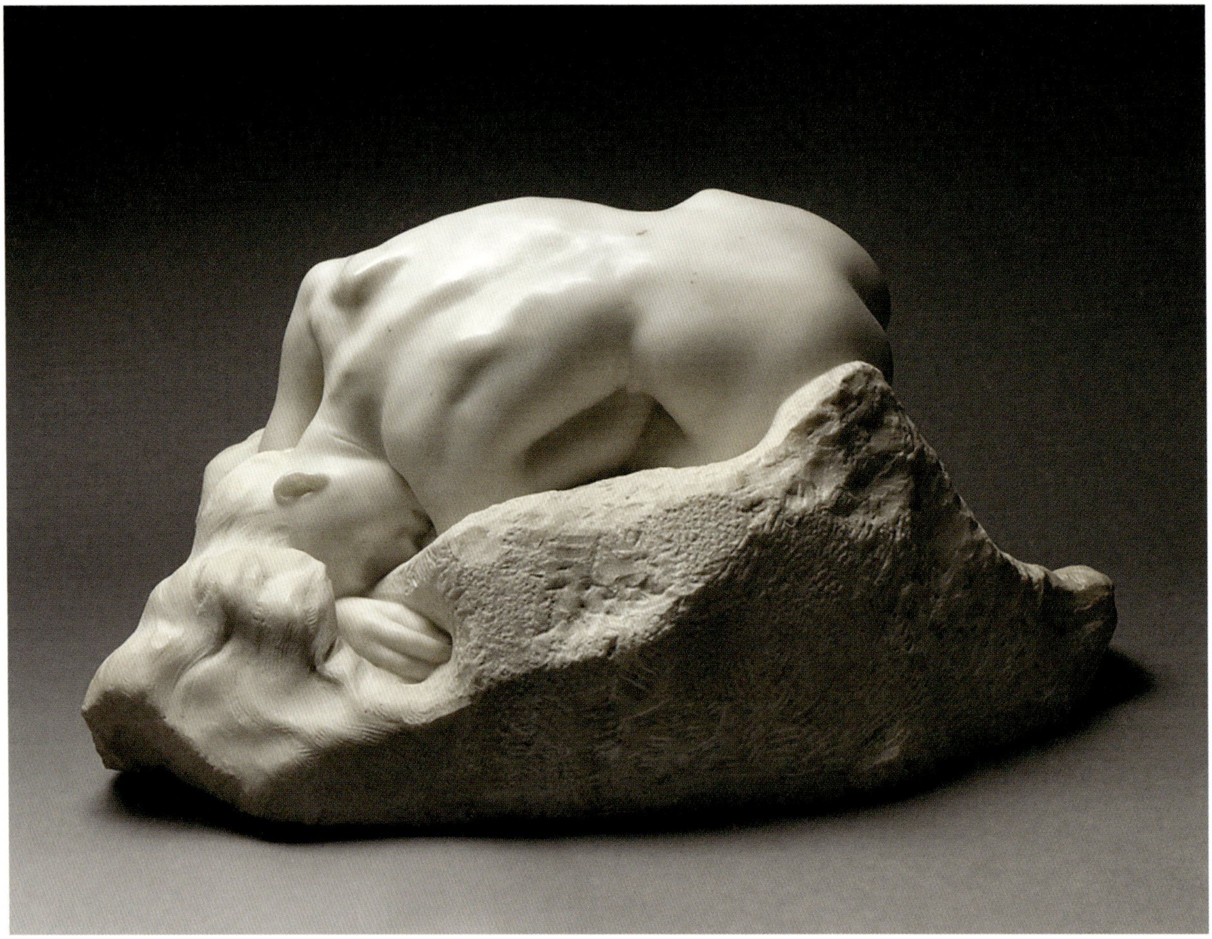

Wir deuten von der Oberfläche her in ein Inneres, was für unsere Vorstellung kohärent ist. Wo tatsächlich nur Stein ist, bilden sich in unserer Vorstellung Organe, wo ein Buckel ist, erwarten wir einen Muskel unter der Haut. Das nenne ich ‚Vitalisierung im Blick'. Diese Vitalisierung ist so stark, dass es kaum möglich ist, darüber hinwegzusehen. Doch in Wirklichkeit haben wir nur einen homogenen Stein vor uns.

Man muss schon hartgesotten sein, bei dieser Skulptur den Künstlerblick zu schärfen und nicht dem voyeuristischen Blick zu verfallen, der von einer Außenseite etwas vereinseitigt sieht und auf einen Vorgang schließt.

Wir sind von der Anlage her so konstituiert, dass wir auf ein Äußeres blicken, um daran ein seelisches Erlebnis zu haben. Das aber wird zum Problem, wenn wir eine Skulptur wie die *Danaide* sehen – man blickt nicht durch. Die Vorstellungen werden stärker als das, was wir unmittelbar sinnlich vor uns sehen. Der Stein verschwindet eben vollständig für das Bewusstsein. Und das ist natürlich auch der Reiz der Sache, dass im Stein eine Erfahrung eröffnet wird, die sonst nur in einem lebendigen Leib möglich ist.

Es ist ganz bezeichnend, dass Rainer Maria Rilke, der eine Zeitlang Sekretär bei Rodin war und sich zur Verfügung stellte, für ihn die Schreibarbeiten zu machen und den Außenkontakt zu pflegen, gerade im Blick auf diese Gestalt bemerkte, wie interessant sie sei, wenn man um sie herumgehe. Man könne

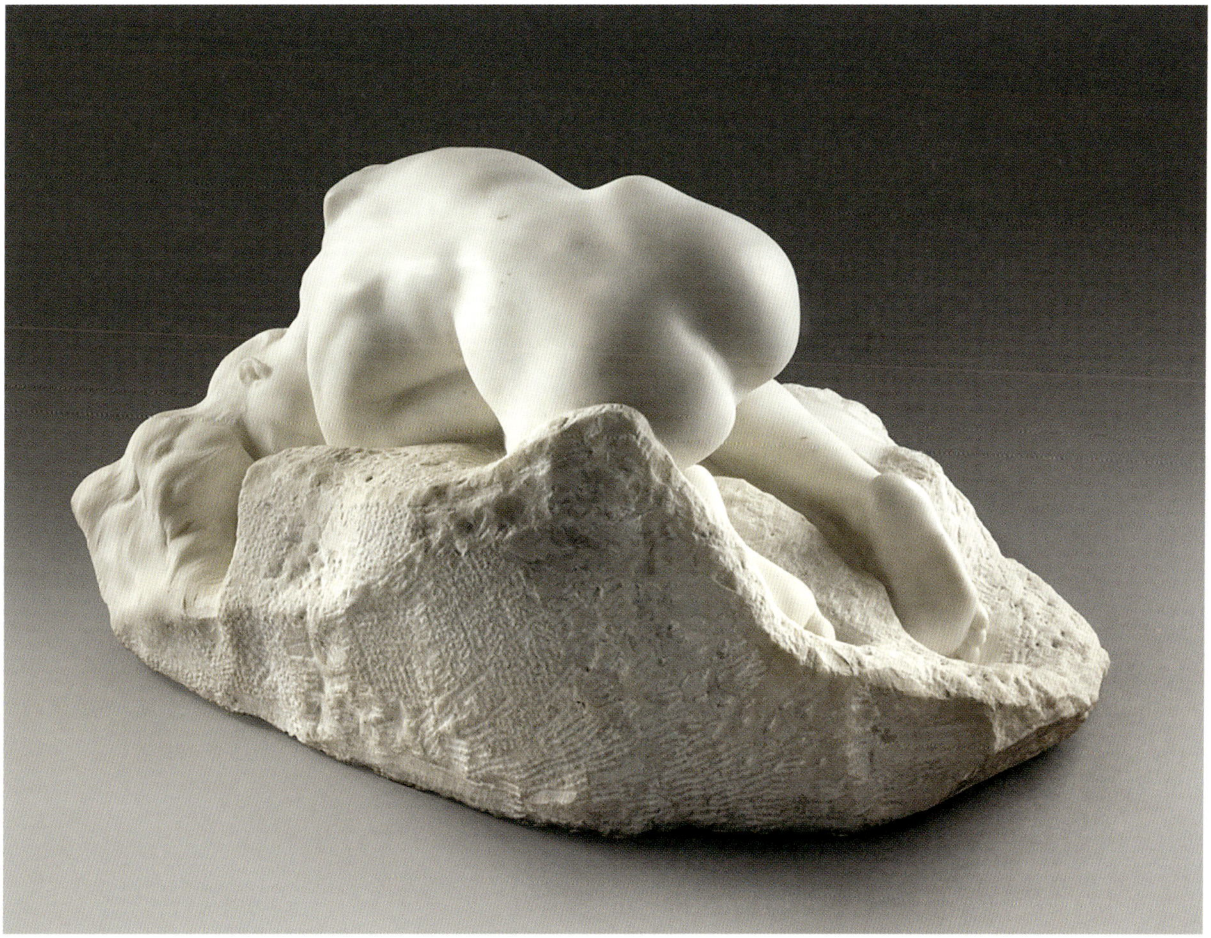

dann erleben, wie ein Aspekt in den anderen greife, wie der Stein – und nicht nur die Gestalt in ihrer schmerzhaften Ausdrucksgebärde – flüssig würde, wie der Stein selbst anfange zu fließen, weil die Konturen fließen und weich ineinander übergehen. Rilke entdeckte damit ein Prinzip, das für die weitere Entwicklung Rodins von ganz entscheidender Bedeutung ist, nämlich den ersten Ansatz für den Betrachtenden zur Überwindung des Abbildlichen, der Illusion des Lebendigen, des Fleisch- und Bluthaften im Stein.

Gerade das Umschreiten der Figur deckt dabei einiges auf, was nur im Blick auf die Dinge nicht fassbar geworden wäre. Es gehört eine Überwindung dazu, das Problem des Abbildlichen zu bemerken und – wie Rilke – einen neuen Umgang mit dem Plastischen zu initiieren. War doch bis dahin gerade das Abbildliche ein Telos, ein Ziel der abendländischen Kunstentwicklung gewesen, das Rodin in seinem Frühwerk erreicht hat.

In der Skulptur der *Danaide* sehen wir, wie ihre Gestalt in den Stein übergeht und wie sich da etwas Neues ankündigt. Dazu gehört auch der roh gelassene Stein als Unterlage und die Art und Weise, wie das Haar fließt, wie es in der Wahrnehmung flüssig wird und wie da ein gewisser Kontrast zwischen der geglätteten Figur und dem Stein – aus dem sie herausgearbeitet wurde und zu sprechen beginnt – in Andeutungen sichtbar wird.

Schauen wir nun auf den berühmten *Kuss* – wir kennen ihn von unzähligen Abbildungen, mit denen wir uns auch hier leider begnügen müssen.

Es scheint mir wichtig, sich auch bei dieser Betrachtung einen gewissen kulturellen Ruck zu geben.

Achten Sie einmal nur auf das unglaubliche Licht- und Schattenspiel. Zwischen den Beinen und zwischen den einander zugewandten Brustregionen finden sich Räume, die erst richtig interessant werden in Bezug auf die Differenzierung des Lichtes. Gerade an einer solchen Fotografie kann das deutlich werden. So wird die Brust des Mannes durch das von hinten einfallende Licht nicht nur verschattet, sondern auch noch etwas aufgehellt von dem Licht, das auf die Brust der Frau fällt, sodass die Brust des Mannes eine indirekte Beleuchtung erfährt. Auch kommt es sowohl zu einem Ineinander und Auseinander von Konturen, als auch zu stark abgesetzten hellen Konturen gegen den dunklen Hintergrund, sodass die ganze Plastik an der Oberfläche in hellen und dunklen Werten zu spielen beginnt. Das alles ändert sich mit dem Tageslicht und auch selbstverständlich mit den Perspektiven, wenn man die Plastik umschreitet.

14 | Eugène Druet, Rodins *Der Kuss* im Atelier des Pariser Marmordepots, um 1898

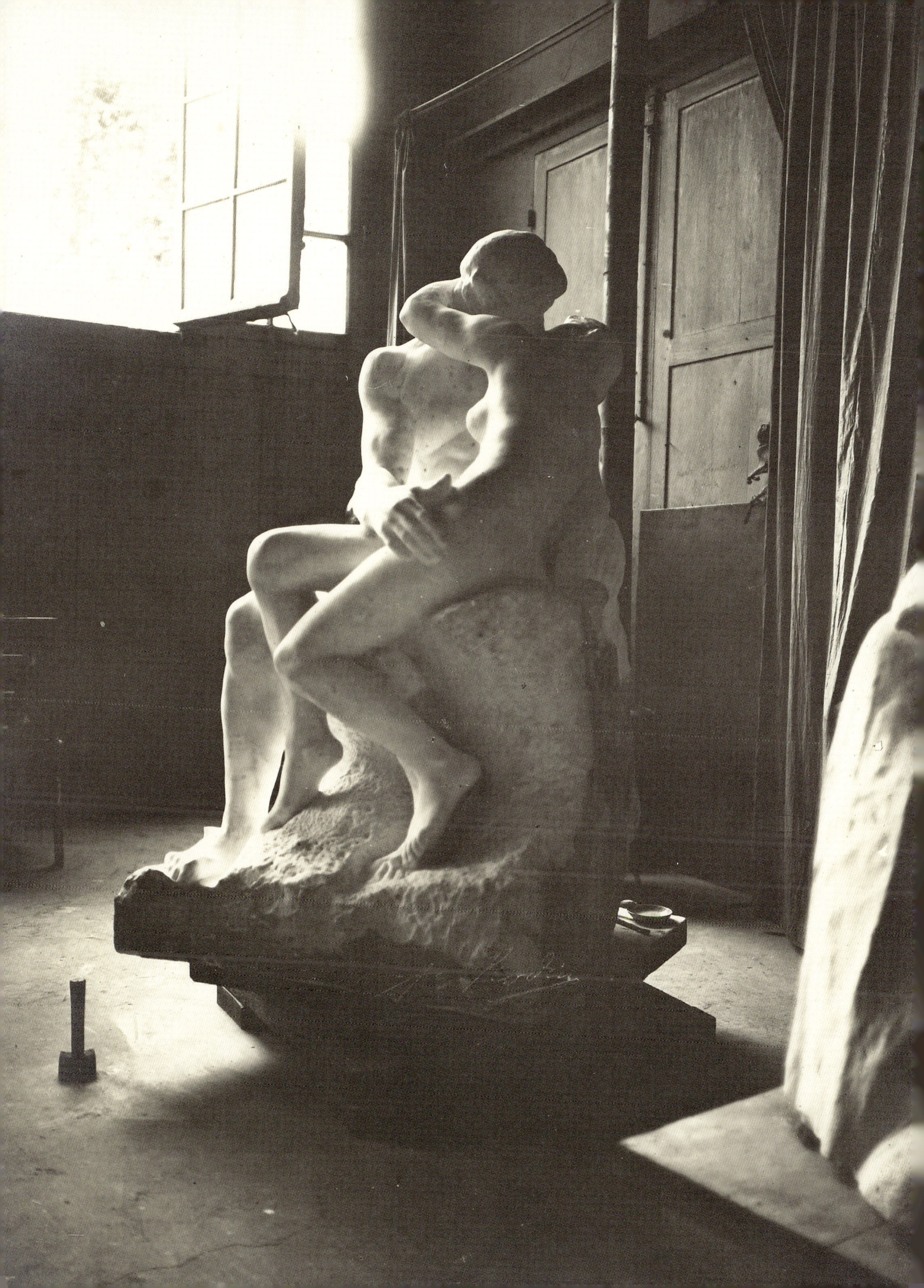

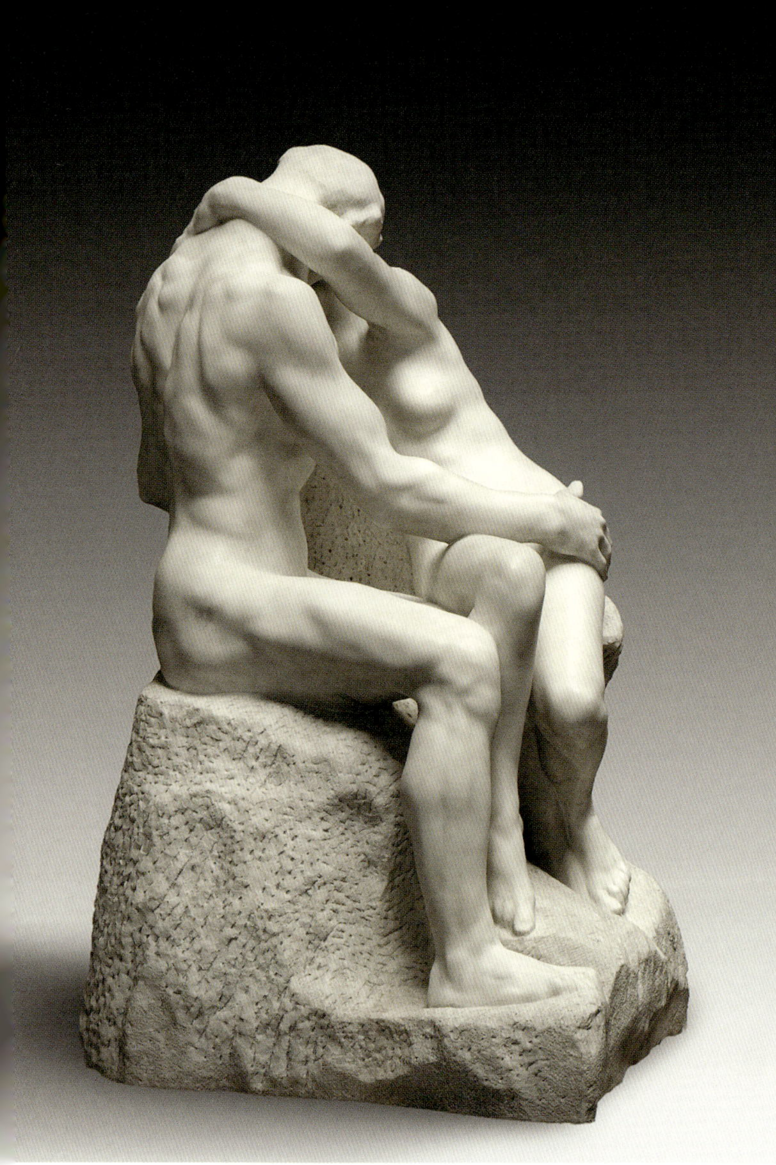

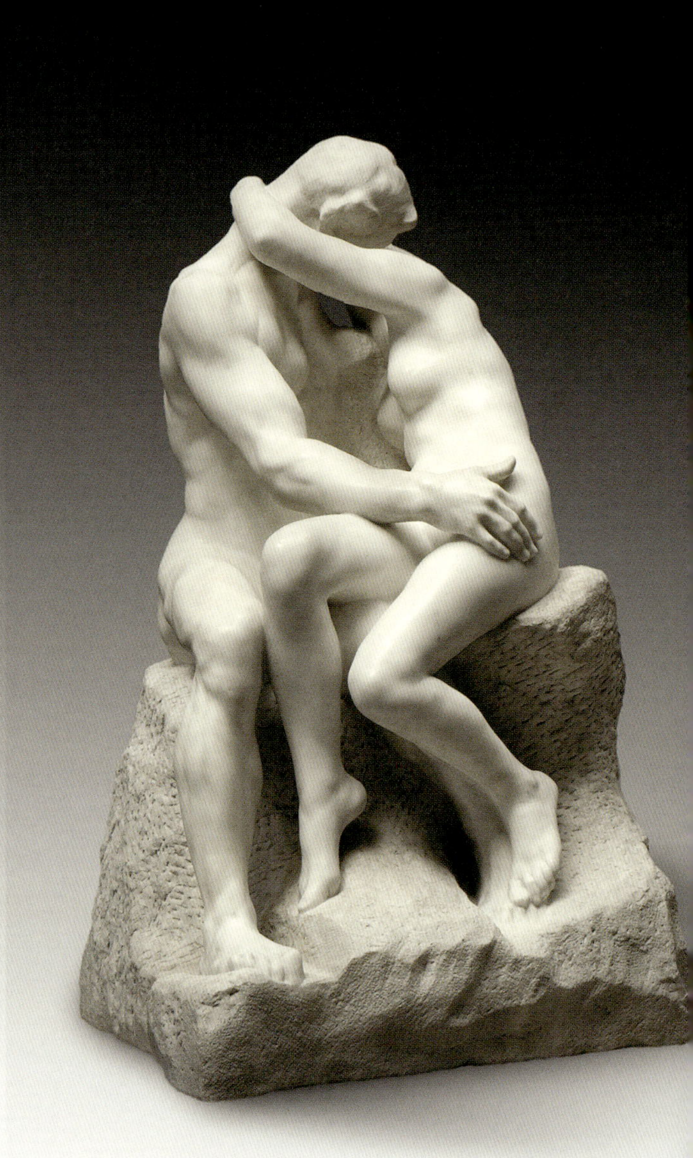

Wenn man sich auf die Konturen und Linien in dem Werk einlässt, kommt noch etwas Wichtiges hinzu. Es kann dann eben nach und nach passieren, dass die Illusion eines küssenden Paares – ein erotisches Thema mit hoher Faszination – in den Hintergrund gerät, wie auch das ganze Sentiment, das uns veranlasst zu denken: „Na gut, schöne Jugend, das habe ich auch mal gemacht“ und so weiter. All diese aufkommenden Stimmungen können im Blick auf die Linien plötzlich durchbrochen werden.

Denkt man nicht nur an Oberarme, Brüste und Schenkel, sondern beobachtet die Linien, die sich entlang der Oberflächen absetzen, dann kann man beobachten, wie sie sich im Umgang um die Figuren ständig verwandeln: sie greifen ineinander, sie vernetzen und verbinden sich, um sich dann wieder neu zu vereinzeln, zu vernetzen und sich wieder zu vereinzeln. Überdies lässt sich bemerken, wie das Verschlingen und Voneinander-Lösen der Linien selbst eine Art Gestik erzeugt – eine Art Bewegung in der Zeit, die dem Vorgang entspricht, den man dort sieht, nämlich dem Kuss. Dabei handelt es sich ja um eine Verbindung, die auch mit einer Trennung und einer Wiederverbindung einhergeht. Man küsst sich ja aus einer gewissen Unbeholfenheit heraus, weil man eben zwei ist und gerne eins sein möchte.

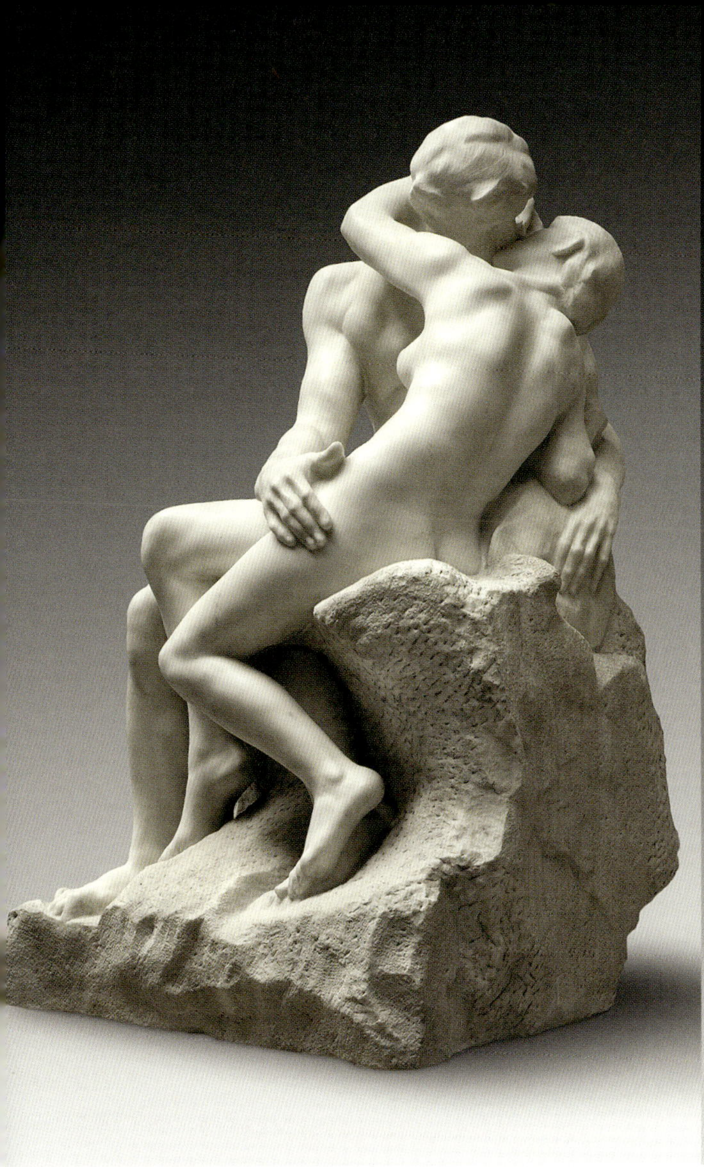
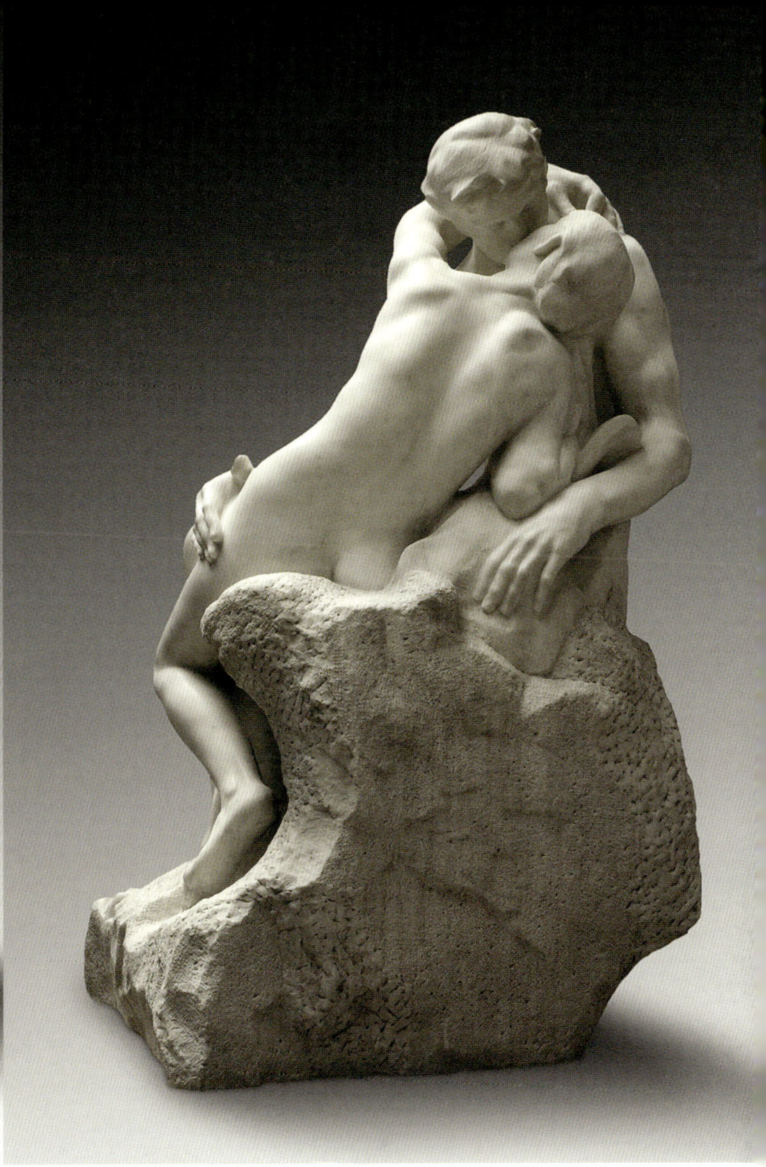

Und dieses Eins-Werden und doch Zwei-Sein wird plötzlich als thematische Gebärde sichtbar, wenn man um diese Gestalt herumgeht.

Und noch etwas ist wichtig: es gibt Zonen, die ganz scharfe Konturen haben und deutlich geglättet sind, aber auch andere Zonen, wo die Konturen ganz weich ineinander übergehen. An manchen Stellen scheint das Weiß der einen Partie mit dem Weiß der anderen so eng zusammenzukommen, dass sich das eine nicht mehr von dem anderen absetzt. Das Hell-Dunkel überspielt deutlich die Konturiertheit der beiden Figuren. Dadurch bekommt das Ganze auch eine Spur von Weichheit. Es entsteht ein Schmelz, der nicht immer angenehm sein muss. Ein Schmelz, der vielleicht zu viel ist, zu viel Sentiment, zu wenig Kontur und zu wenig Straffheit enthält. Aber im selben Moment lässt sich auch eine Art Konturverwischung beobachten, die mit der Konturschärfe ständig wechselt, wenn wir uns in Bewegung setzen. Das aber ist eine gefährliche Entwicklung, wenn man es daran messen will, dass hier eigentlich etwas Abbildliches dargestellt werden soll.

15 | Auguste Rodin, **Der Kuss**, Kopie von 1929

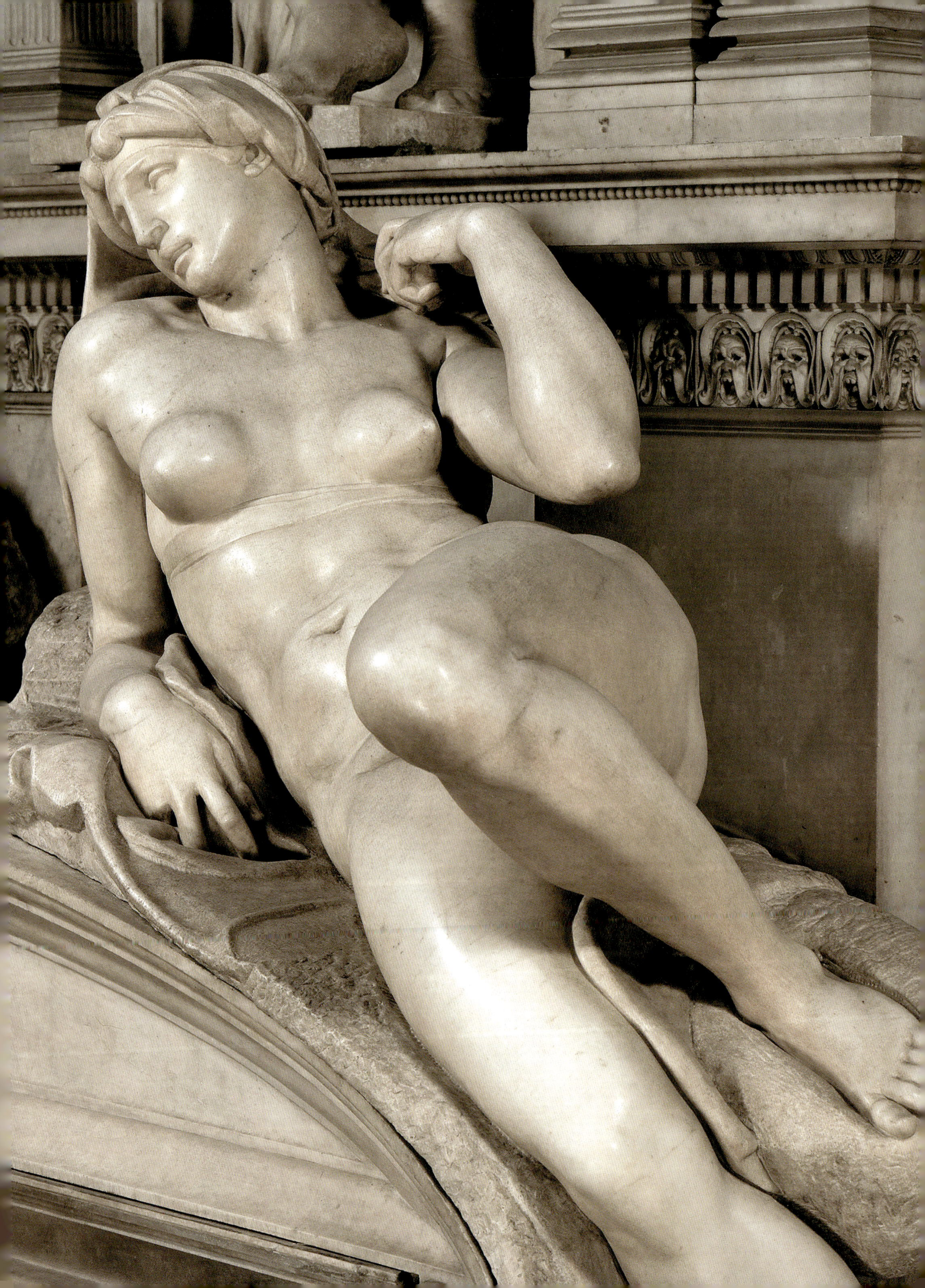

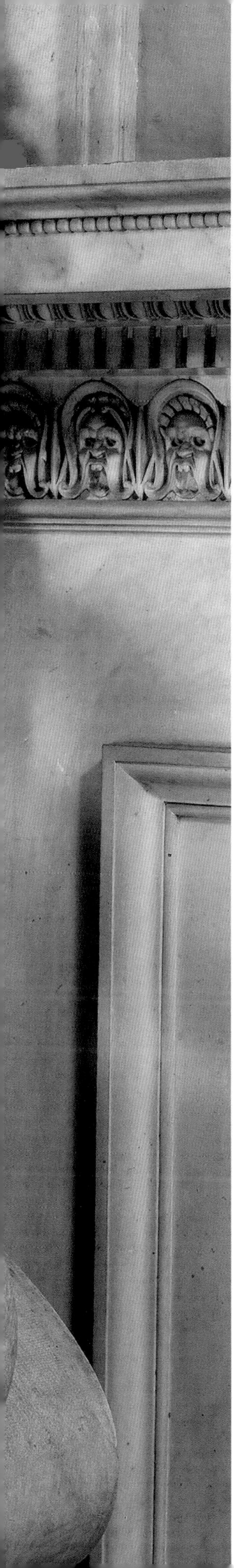

III. VON DER ANSICHTSGESTALT ZUR AUSDRUCKSGEBÄRDE

„Skulptur ist die Kunst der Buckel und Höhlungen, die Kunst, die Formen im Spiel von Licht und Schatten darzustellen.“ [17]

Auguste Rodin

„Nächtelang habe ich Zeichnungen gemacht, aber nicht nach seinen [Michelangelos] Arbeiten, sondern nach den Grundzügen meiner Vorstellung, die ich mir von ihm gemacht habe, um ihn verstehen zu lernen.“ [18]

Auguste Rodin

Auf dem Bild sehen wir eine Nachzeichnung Rodins von Michelangelos Skulptur des *Morgen* in der Medici-Kapelle. Es ist bezeichnend, wie Rodin da herangeht und die Gestalt auf das Papier bringt. Hätte er eine Übersicht über den schön proportionierten Körper haben wollen, so hätte er ihn von der Seite darstellen müssen. Stattdessen stellt der Künstler die Figur aus einer ungewöhnlichen Perspektive dar, sodass die Ganzheit des Körpers gar nicht so stark thematisiert wird. Er stellt sich diese Figur gerade so von unten vor Augen, dass die Beine den Blick auf den Körper teilweise verstellen. Er setzt dabei die dunklen von den hellen Partien auf der Brust und den hellen Oberarmen ab, sodass ein starker Kontrast zwischen Hell und Dunkel entsteht. Man bemerkt, wie er sich für die Licht- und Schattenpartien interessiert, indem er das Hell-Dunkel von der Brust über den Bauch bis hin zum Knie in einem bestimmten Rhythmus abwechselt. Man könnte sagen, dass es ihm viel mehr auf das Hell-Dunkel-Phänomen ankommt, das wie eine bewegte Oberfläche in Erscheinung tritt, als auf die objektive Abbildung der Gestalt.

Es ist nun auch bezeichnend, dass Rodin die Skizze aus der Erinnerung anfertigte. Diese außergewöhnliche Perspektive auf die Körperhaltung ist wie ein Weg, der ihn wegführt von dem Zwang, nur abzubilden, was er vor Augen hat. So wie er diese Figur darstellt, sieht sie schon verfremdet aus. Es ist schon eine Abkehr von der intakten Körperlichkeit, die rein vorstellungsbestimmt ist. So bekommt der Oberflächenrhythmus eine andere Wertigkeit, eine andere Strukturierung – nicht nur bezüglich des Aussehens, sondern auch hinsichtlich des Ausdrucks einer seelischen Stimmung, die dann durch eine Gebärde fassbar wird.

16 I (S. 44–45) Michelangelo, **Der Morgen** (Grabmal des Lorenzo de' Medici), 1524–1531
17 I Auguste Rodin, **Studie nach Michelangelos *Morgen***, um 1877 (Ausschnitt)

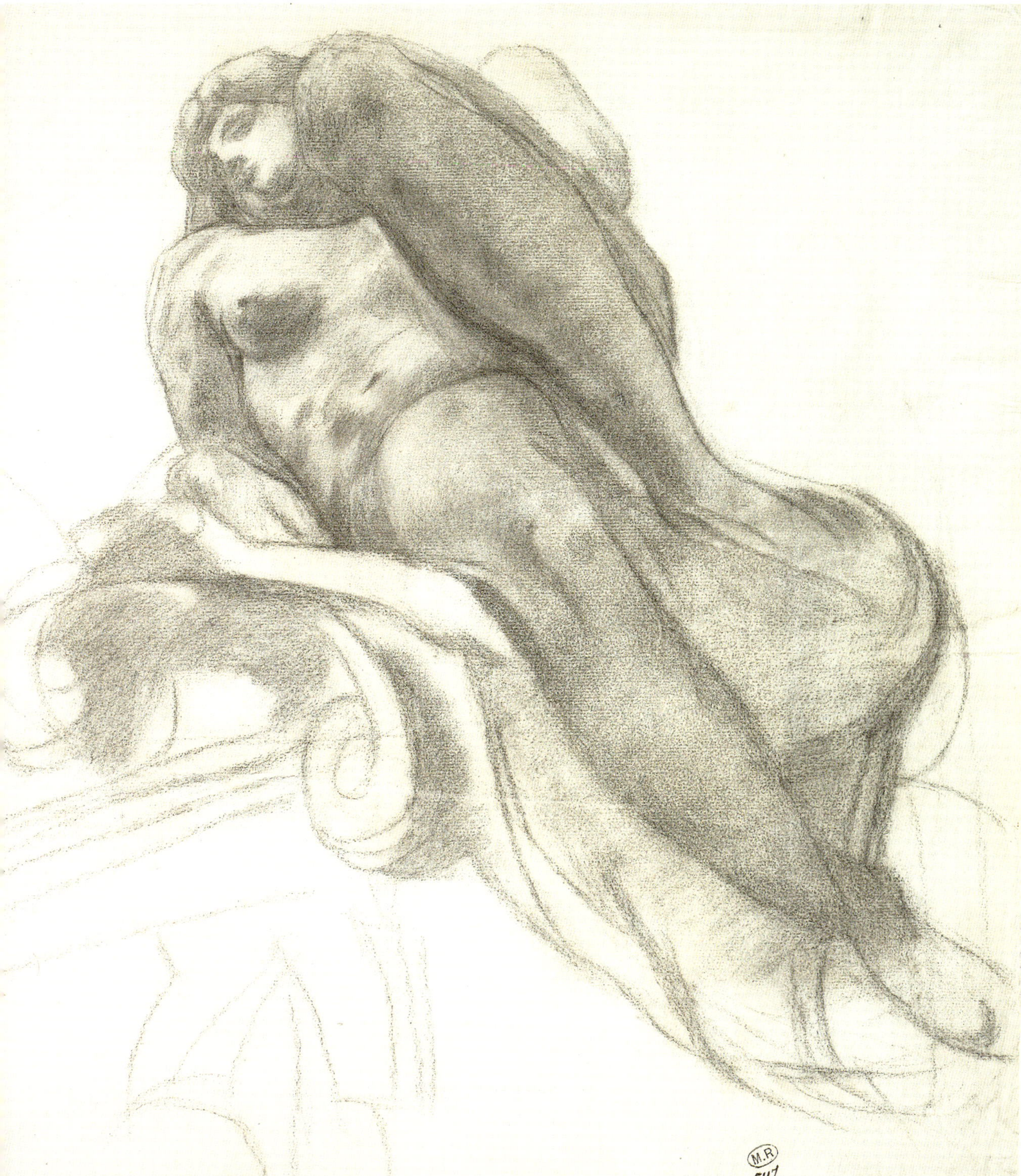
M.R
5117

Ich brauche Ihnen nicht zu sagen, dass solche Gesten, wie sie *Die Bürger von Calais* vor Augen führen, keine Aussehensgesten, sondern Ausdrucksgebärden von allerhöchstem Pathos sind – ein nach außen gesetztes Pathos, dem wir heute eher zögernd gegenüberstehen, aber trotzdem nicht umhinkommen, das als eine ganz stark seelische Komponente wahrzunehmen.

Das Material, an dem die Ausdrucksgebärde erscheint, wird dabei in seiner Stofflichkeit wie vernichtet. Stattdessen werden die Gebärden als seelischer Ausdruck wirksam – diese Senkung des Kopfes und die dagegen erhobene, wie klagende Hand – all das taucht hier als Gebärde auf. Das ist schon ungeheuerlich weit getrieben, weiter noch als das, was die künstlerischen Zeitgenossen je in dieser Art erreicht haben. Rodin erzielt nicht nur im Abbild eine Art Höhepunkt, sondern auch in der Ausdrucksbestimmung.

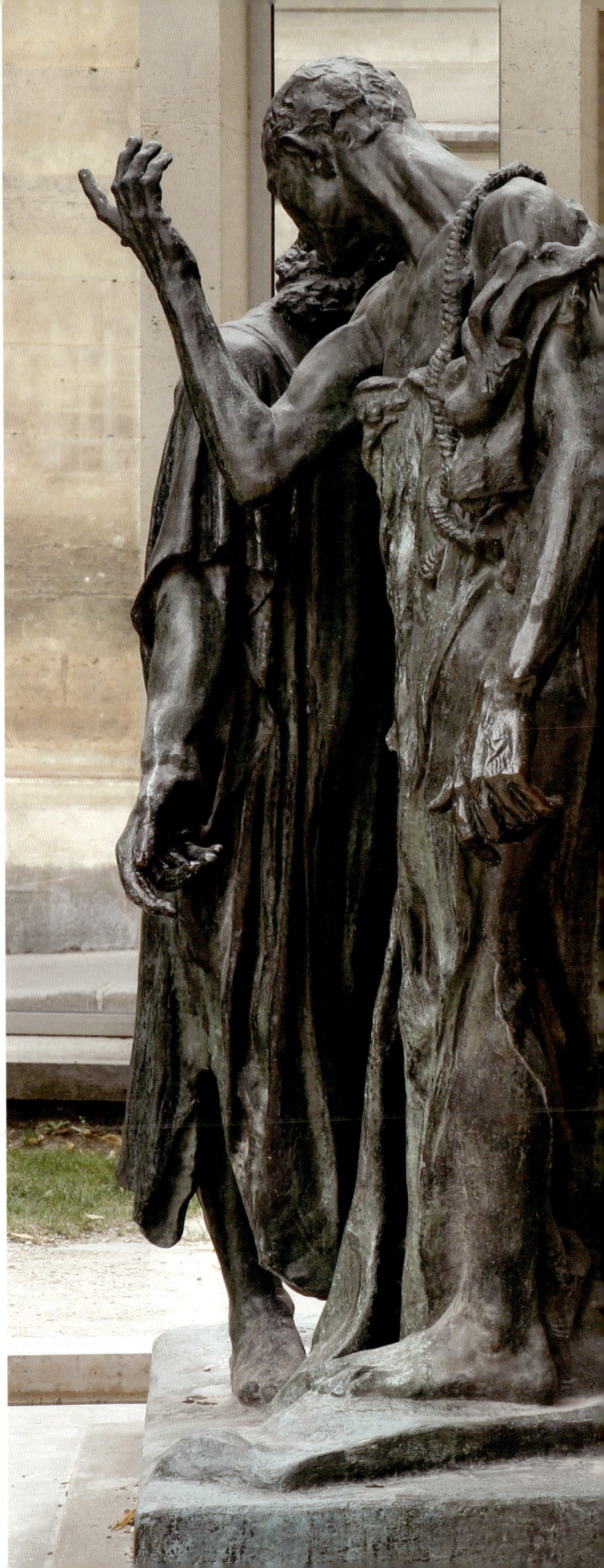

18 | Auguste Rodin, **Die Bürger von Calais**, 1884–1889

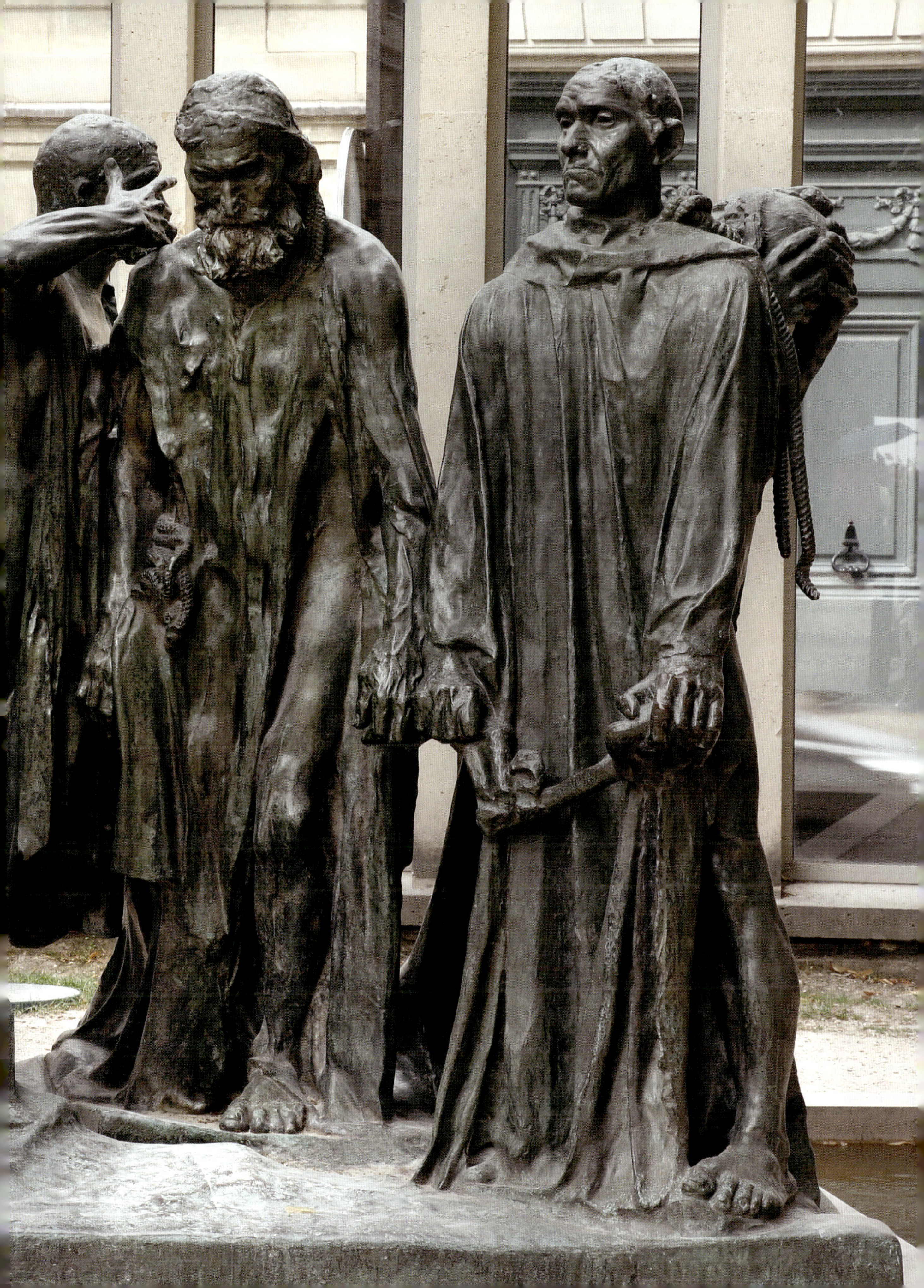

Hier nun noch eine Figur aus dieser Gruppe, die die Resignation, den inneren Trotz, das Standhalten wider die innere Last, charakteristisch zum Ausdruck bringt. Und so ist jede dieser Figuren unglaublich ausdifferenziert dargestellt, sodass man bemerken kann, wie jede einzelne Haltung und der mit ihr verbundene Ausdruck in vieljähriger Arbeit gereift sind.

Rodin hat den Auftrag bekommen und hat in seinem Schaffensdrang nicht lockergelassen. Das war überhaupt seine Arbeitstechnik. Das Atelier stand voll und er hat fast jeden Tag an jeder Skulptur, die noch nicht fertig war, ein bisschen gearbeitet. Das kennen wir auch von Max Reger (1873–1916), der beim Komponieren seiner Musikstücke immer im Kreis herumgelaufen ist. Wenn er einmal rum war, war die Tinte auf dem Papier wieder trocken und er konnte weiterschreiben. So kamen ein Quartett, ein Orgel- und ein Chorstück gleichzeitig zustande. Auch Rodin war ein Simultan-Künstler und seine Schaffenszeit ging über viele Jahrzehnte. Wenn man das Entstehungsjahr eines seiner Kunstwerke nennt, meint man in der Regel das Jahr der Erstausstellung. Das ist aber nicht ganz korrekt, denn mit manchen Gebilden hat er sein ganzes Künstlerleben lang gerungen.

19 | Auguste Rodin, **Jacques de Wissant**

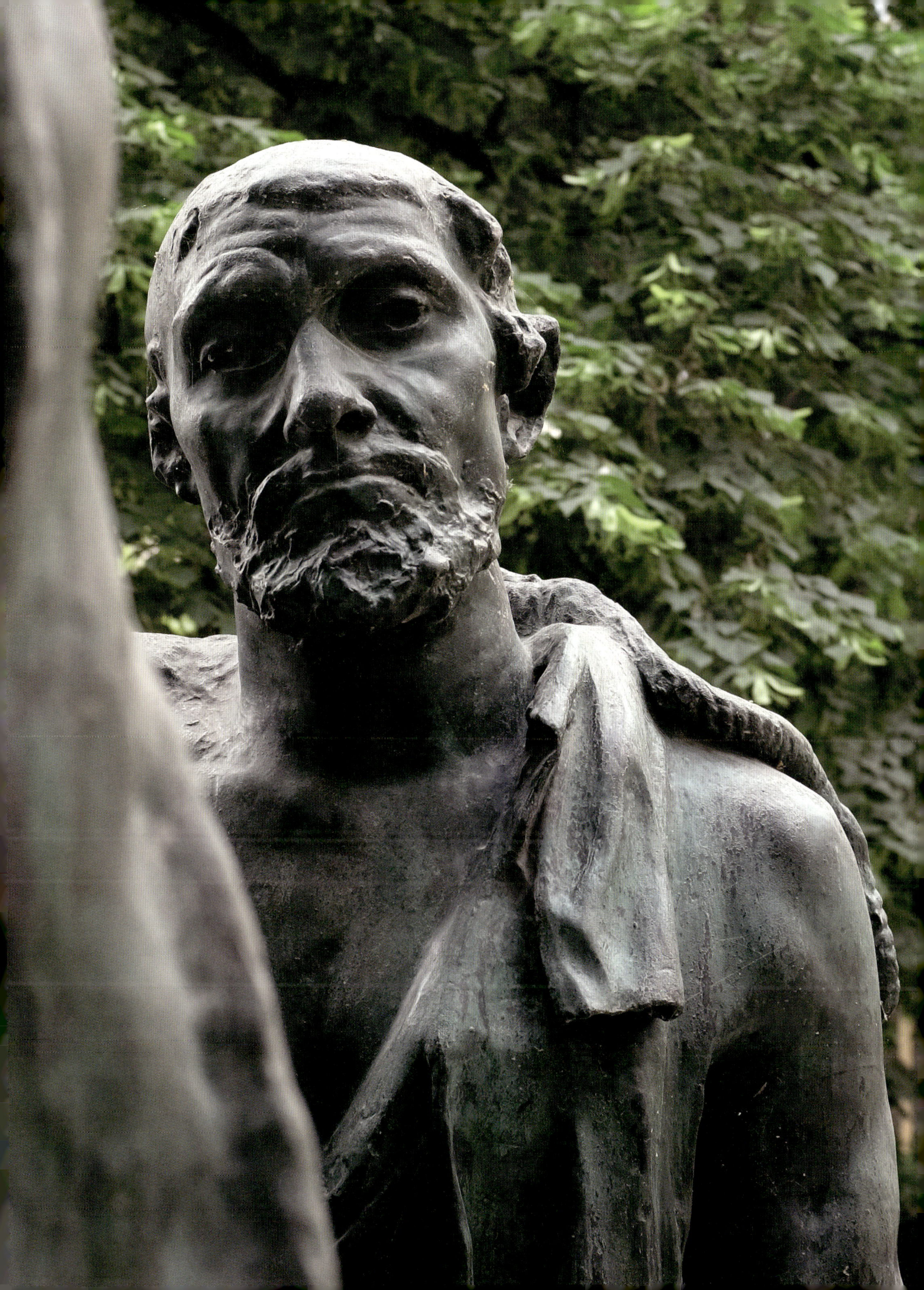

Doch zurück zu den *Bürgern von Calais*. Interessant ist hier nicht nur der Ausdruck innerhalb einer einzelnen Figur, sondern die Choreografie dieser Figuren untereinander. Letztere bietet zudem außerordentliche Überraschungen, wenn man sie umschreitet. Das können wir hier leider nicht tun. Ich kann Sie aber neugierig darauf machen, was Sie in Calais, in Basel im Kunstmuseum oder in Paris und London selber sehen und beobachten können.[19]

Was nun in Bezug auf das Ausdruckshafte jeder einzelnen Gebärde eine Art Höhepunkt ist, das gilt zugleich auch für die Gruppe als Gesamtausdruck. Wenn man beobachtet, wie sich die Gesamtansicht aus jeder Perspektive verändert und die einzelnen Figuren sich zueinander verhalten – eine Figur dreht sich um, eine andere wendet sich ab, eine dritte hat ihren Kopf nach unten geneigt und in ihre Hände versenkt –, so fällt auf, dass sich die Gruppe als Gesamtes nie ganz vom Betrachtenden abwendet. Wir werden immer mit einbezogen. Man hat manchmal den Eindruck, die Gruppe geht im Kreis herum und trotzdem schreitet sie dabei in eine bestimmte Richtung. Jede Figur nimmt Bezug zu sich selbst, zu den anderen und zu den Betrachtenden. In den verschiedenen Gebärden findet sich eine unglaubliche Komplexität. Wir finden hier nicht nur den Bezug zum eigenen Seelischen, sondern auch zum Szenischen der Umgebung und sogar zur Szenerie der Betrachtenden, die sich unmittelbar mit einbezogen fühlen können in das, was ihnen diese Figuren als Situation vorschreiten.[20]

So könnte ich den ganzen Abend reden. Rilke überliefert uns, dass Rodin gesagt habe, er müsse ein Jahr reden, wenn er nur eines seiner Werke mit Worten wiederholen wolle.[21] Sie werden es mir daher nachsehen, wenn wir jetzt schon zum nächsten Kunstwerk übergehen.

20 | Auguste Rodin, **Die Bürger von Calais**

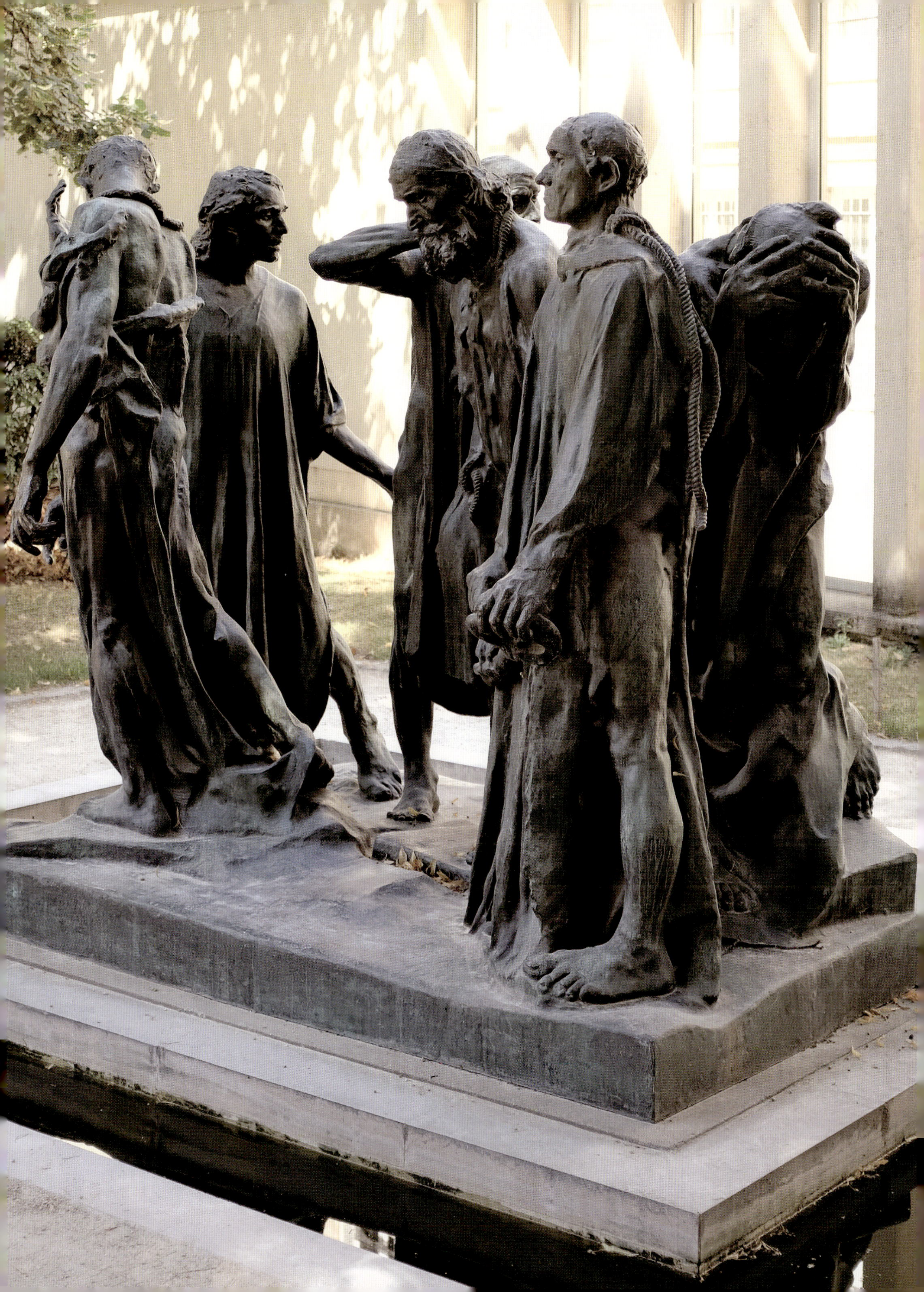

„Lasst, die ihr eintretet, alle Hoffnung fahren!“

Dante Alighieri, Die Göttliche Komödie, Inferno III, 9 (Das Höllentor)

Kommen wir nun also zu dem Opus magnum Rodins, dem *Höllentor*, an dem er 37 Jahre gearbeitet hat. Es ist fast sieben Meter hoch und vier Meter breit. Ein wunderbarer Auftrag, an den Rodin mit seiner ganzen Gestaltungswut herangegangen ist und der ihn bis an sein Lebensende beschäftigt hat. Sie sehen, die Türflächen und Rahmen sind mit Figuren erfüllt. Insgesamt sind es 186 Figuren.

Das *Höllentor* war auch eine zeitspezifische, wunderbare Möglichkeit, das Schaurig-Schöne zu entfalten und Szenen aus Dantes *Inferno* darzustellen. Sie kennen das sicher aus dem Jugendstil und Symbolismus. Auch hier finden wir, wie das Unfassbare durch tragische und obskure Gebärden äußerlich zum Ausdruck kommt. Was also im Jenseits als tragisches Schicksal unfassbar hereinwirkt, wird hier anschaulich. Im *Höllentor* nähern wir uns den unterdrückten Abgründen des Menschenwesens, und wer sich ihnen nähert, lässt alle Hoffnungen fahren.

Rodin kam nie zur vollständigen Ausführung seines ursprünglichen Modells des *Höllentors*, aber es diente ihm als Ideensteinbruch. Von dort hat er immer wieder einzelne Motive aufgegriffen, die wir im Folgenden betrachten wollen.

21 I Auguste Rodin, **Das Höllentor**, 1880–1917

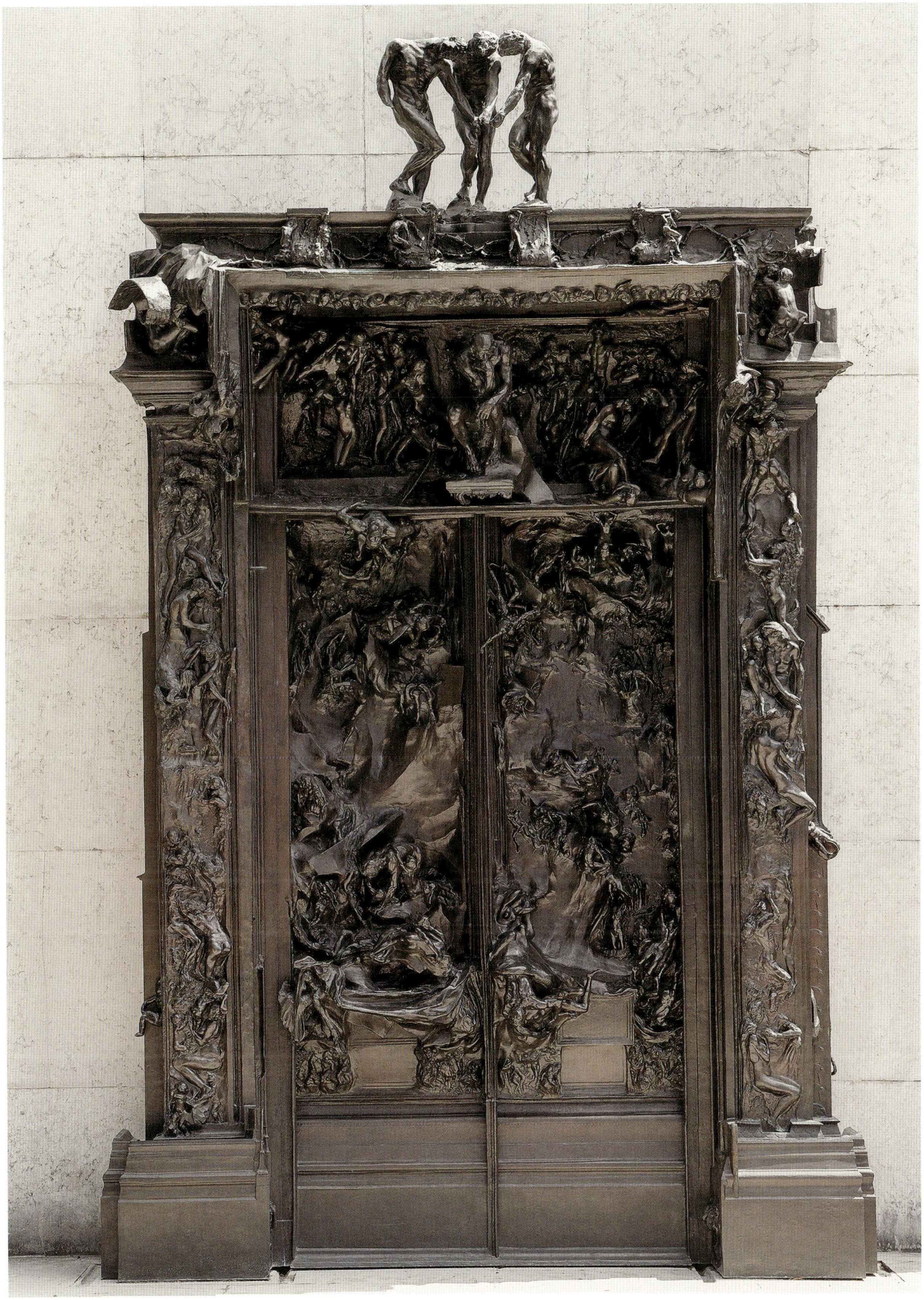

„...die imaginative Welt, die der Denkende in sich hat, wird anschaulich gemacht.“

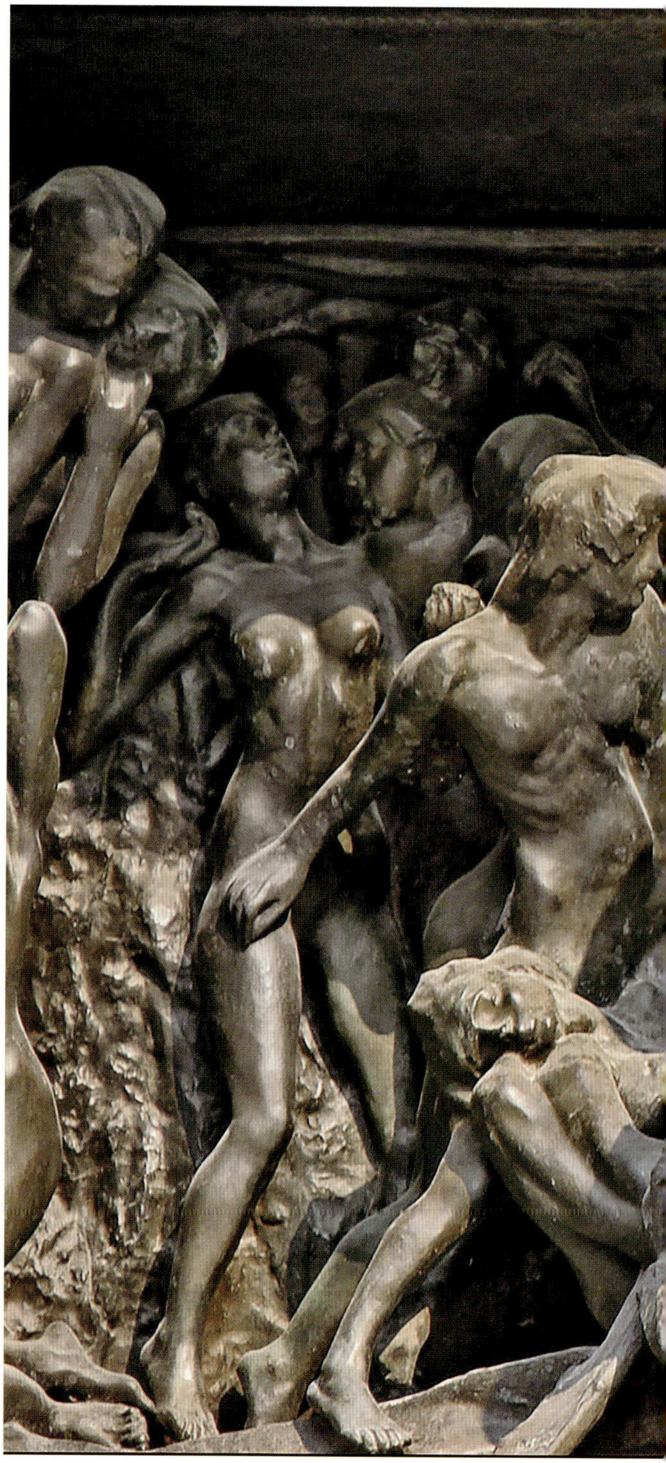

Wir sehen im oberen Drittel den Denker im Kontext unterschiedlicher Gestalten, die teilweise ineinander verknäult sind und in unterschiedlichsten Gebärden dargestellt werden.

Im Kontext der Figur des Denkers kann uns das Höllentor wie eine Art Explikation dessen erscheinen, was der Denker meditierend in sich trägt. Das Innenbild wird so gleichsam nach außen gesetzt – die imaginative Welt, die der Denkende in sich hat, wird anschaulich gemacht. Das Tor erscheint als Bild und die Bilder im Tor werden zum Inhalt dessen, was diese Gestalt denkt.

Uns interessiert nun die Fortarbeit, denn er hat diesen Denker aus dem Kontext des Tores herausgelöst und auch als Einzelplastik vergrößert.

22 | Auguste Rodin, **Der Denker im Höllentor**

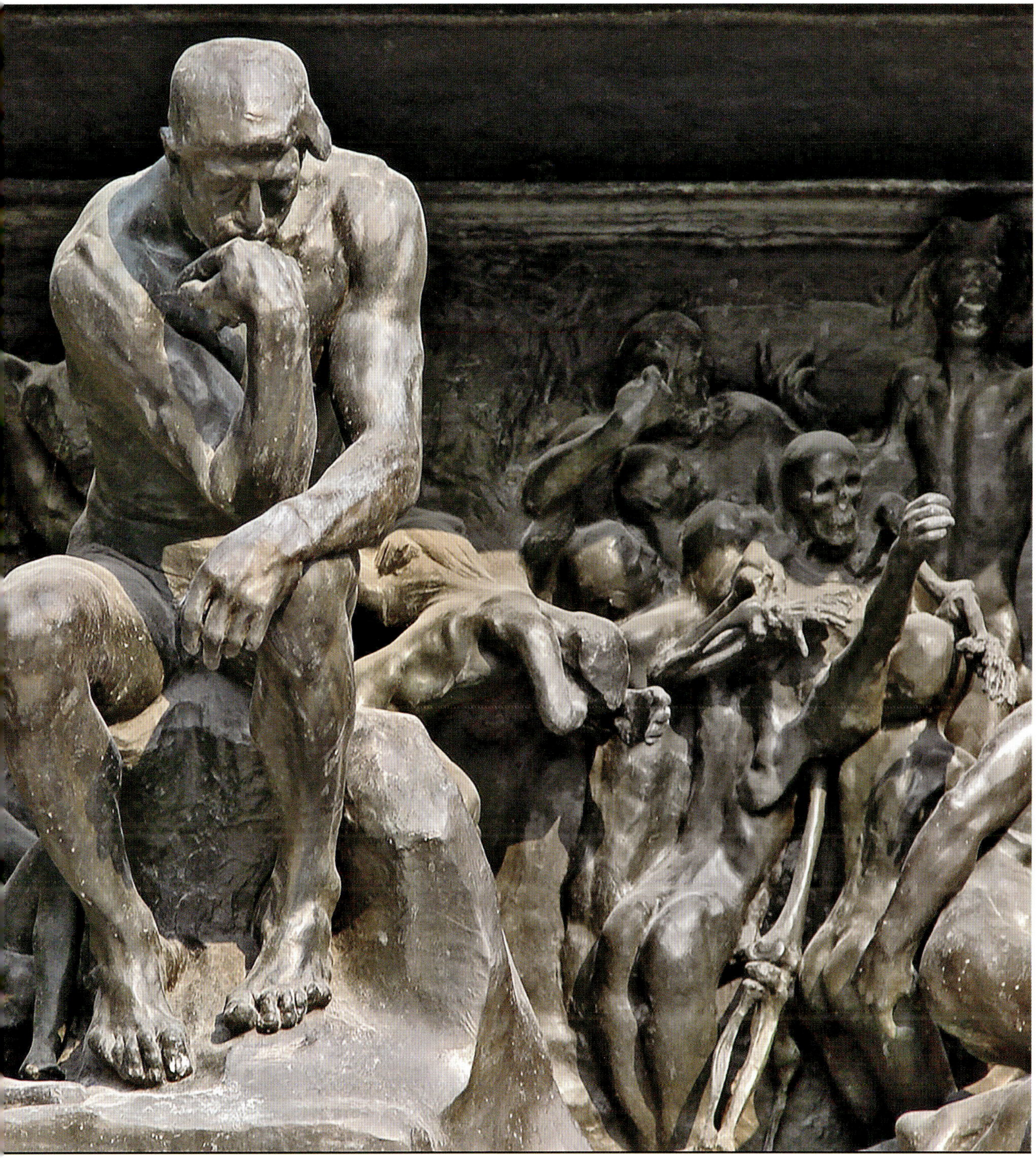

Wenn wir die Geste dieser Figur sehen und versuchen, uns darauf einzulassen, was sich hier gestaltet hat, dann ist unschwer zu erkennen, dass Rodin ein Thema getroffen hat, das einen ganz besonderen Stellenwert hat. Wir finden sehr viele Elemente an dieser Figur, die uns dazu veranlassen können zu sagen: „Sie sieht so aus." Doch was tut dieser Denker eigentlich? Er konzentriert sich. Er wendet sich nach innen. Er verzichtet zugunsten einer Innenerfahrung auf eine Außenaktion. Das bedeutet, der nach außen gestellte Gebärdenrest hat keine Intention nach außen und wenn das *Höllentor* drumherum weg ist, wissen wir nicht, was er denkt, sondern wir wissen nur, dass er so ist, wie er ist. Es kommt so zu einer interessanten Koinzidenz oder Interferenz zwischen Ausdrucksgebärde und Ansichtsgestaltung. Da begegnet sich: „Der sieht so aus" mit „Der macht nichts Besonderes".

Gerade das Thema Denken, also die Introspektion, das Zurücknehmen aller äußeren Aktionen, gibt der Figur die Möglichkeit, so zu sein, wie sie ist. Und das ist sozusagen eine thematische Annäherung. Zwar sind Ausdrucksgebärde und Ansichtsgestaltung noch nicht verschmolzen, aber man kann sehen, dass da etwas aufeinander zugeht. So zeigt das Aussehen hier nicht nur die Oberfläche und es ist auch nicht notwendig, vom Ausdruck auf eine Tiefe zu schließen, denn wir können beobachten, wie an der Oberfläche, am Aussehen dieser Figur zugleich die Tiefe mit thematisiert ist.

23 | Auguste Rodin, **Der Denker**, 1903

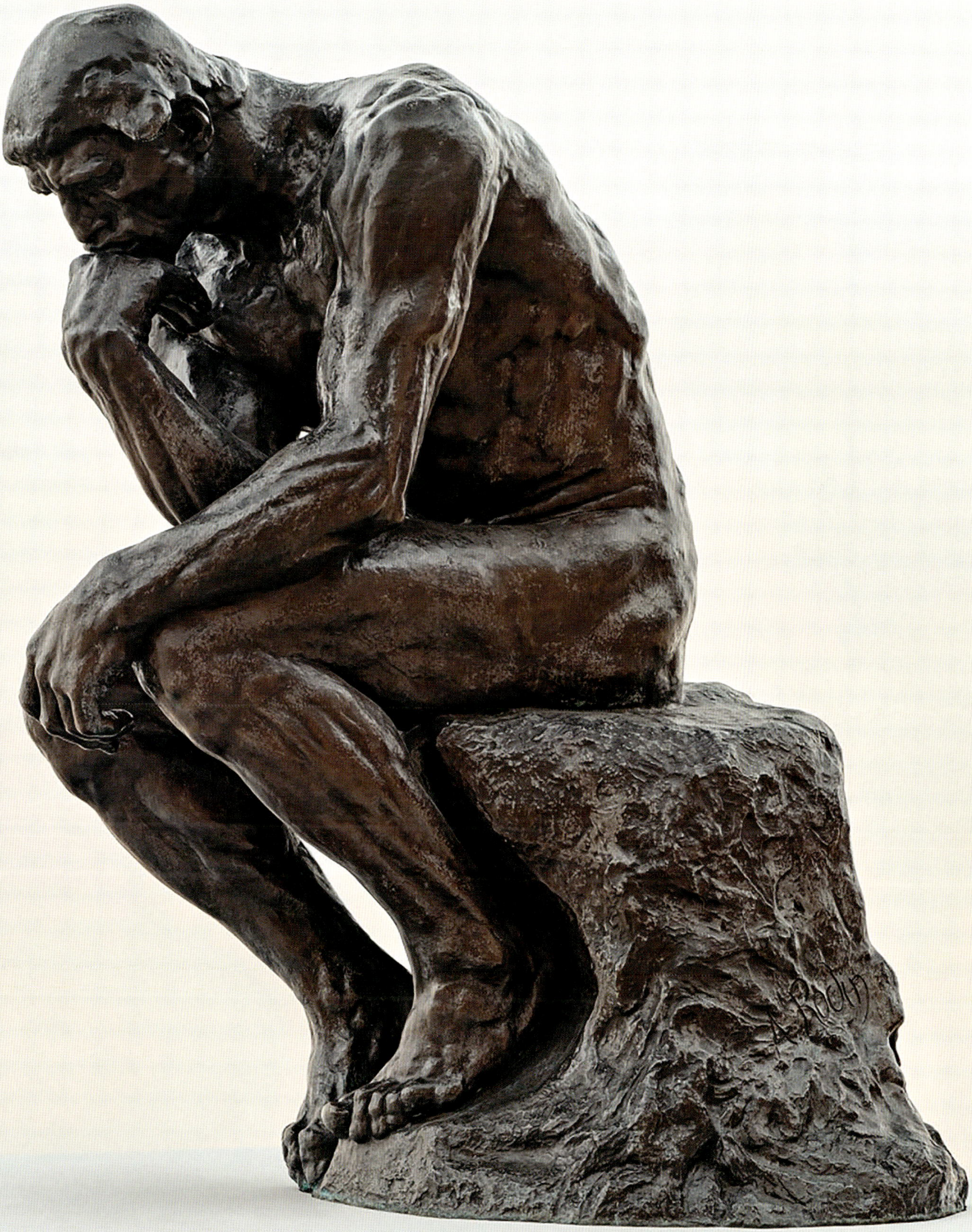

„So ist jener schmale Jüngling, der kniet und seine Arme empor wirft und zurück in einer Geste der Anrufung ohne Grenzen.“ [22]

Rainer Maria Rilke

Wir sehen jetzt in diesem mittleren Werksabschnitt, wie Rodin eine ungeheure Fülle von Themen und Bewegungsdarstellungen schafft und eine Figur nach der anderen entsteht.

Dazu gehört auch dieses Werk und es musste natürlich auch einen Namen haben und hieß schließlich *Der verlorene Sohn*. Aber es stellt eigentlich eine Extremgeste dar, die so extrem ist, dass sie ihre eindeutige Deutung als Verzweiflung verliert und zeigt, wie eine Gestalt ganz aufgehen kann in einer Geste, sodass man nicht mehr weiß, ob es eine Gestalt oder eine Geste ist. Die Konzentration der Gestik in der vorherigen Gestalt, oder die extrem nach außen gewandte Figur hier – Rodin hat sozusagen alles durchdekliniert.

24 | Auguste Rodin, **Der verlorene Sohn**, um 1900

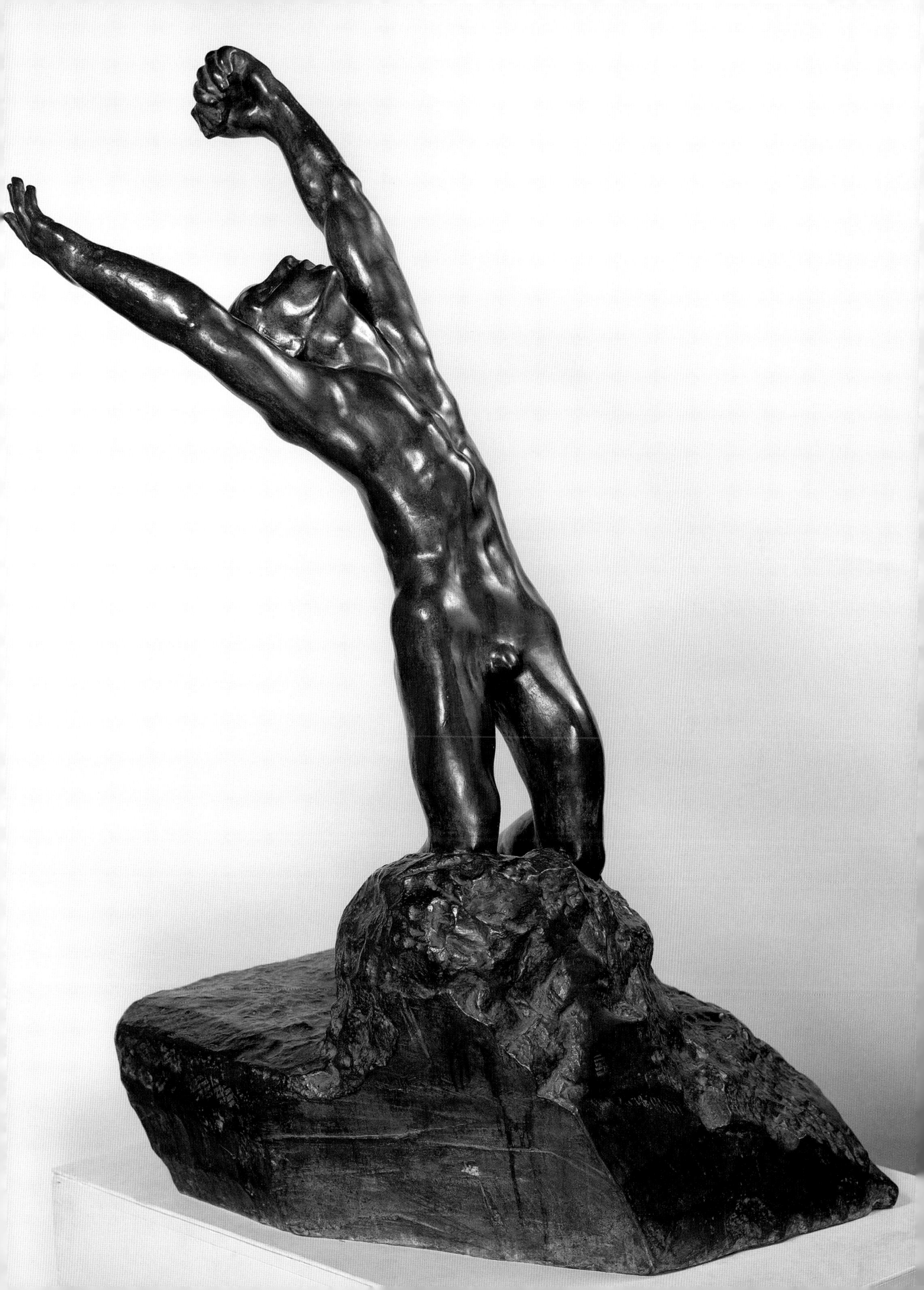

In diese Reihe gehört auch diese und die nächste Plastik. Im Gegensatz zu der nach außen gewandten Extremgeste des vorherigen Werks, zeigt die Körperhaltung dieser Figur eine Form großer Geschlossenheit. Die ganz in sich zusammengesunkene, auf einem unebenen Untergrund hockende Gestalt, deren Kopf auf Schulter und Knie ruht, zeigt eine Konzentration der Gestik, die sich im nächsten Werk wieder ganz anders ausformt.

25 I Auguste Rodin, **Kauernde**, um 1880/1882

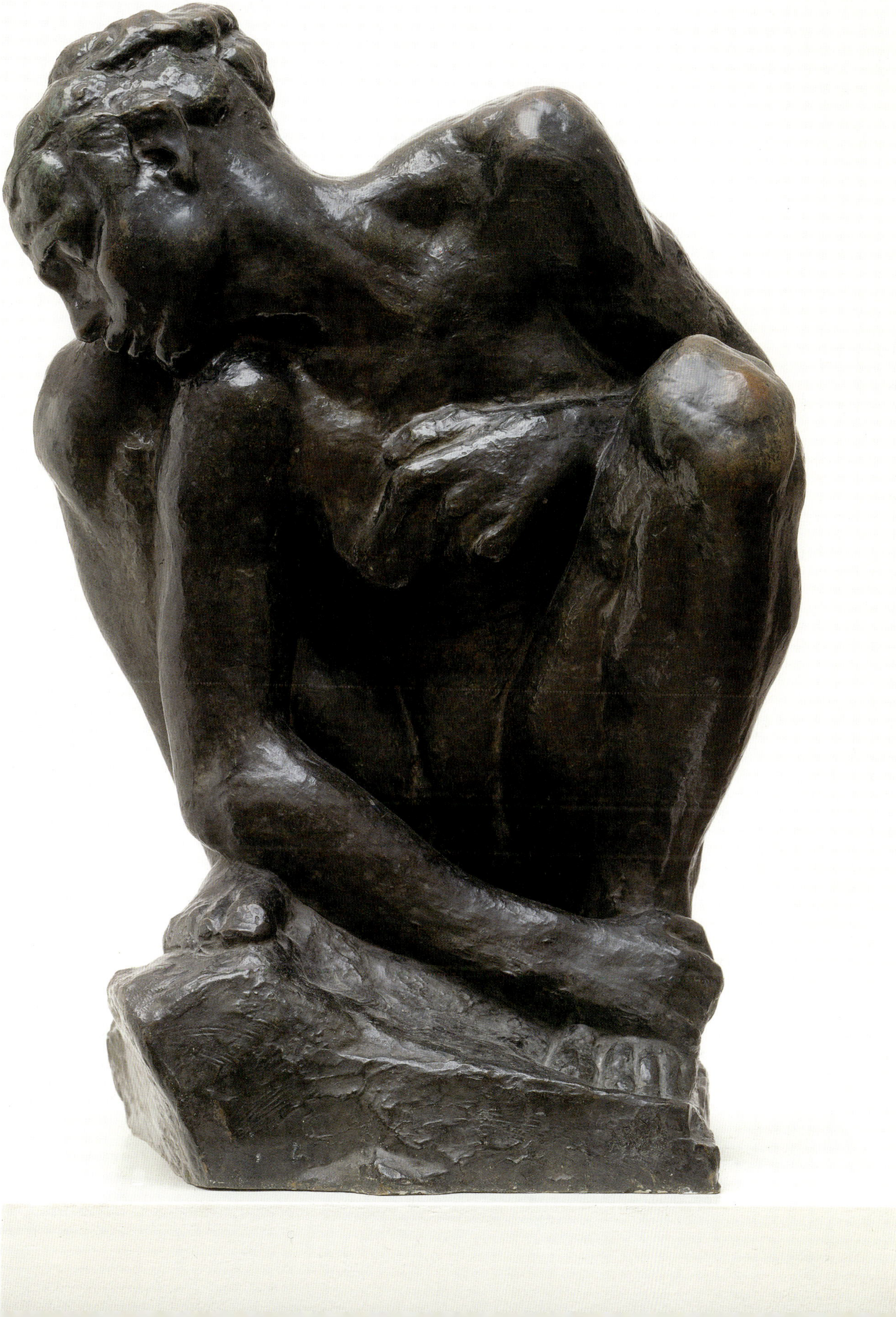

Hier haben wir es mit einer Figuration zu tun, wo man nicht mehr weiß, ob es eine Gestalt oder eine Geste ist. Auch wissen wir nicht genau, wie man sie aufstellen soll, denn sie lag im Atelier herum. Jetzt hat man sie in dieser Position aufgebaut und sagt dazu *fliegende Figur* oder nennt sie die *Götterbotin Iris*.

Was wollen wir damit anfangen? Es ist die Deklination: Hier wird die Ansichtsgestalt und die Ausdrucksgestalt so ineinander gearbeitet, dass man das Telos, das Aussageziel dieser Figur gar nicht mehr ergründen kann. Es entsteht der Eindruck, als ginge es nur noch um Bewegung.

26 | Auguste Rodin, **Iris, Götterbotin** (fliegende Figur), 1891

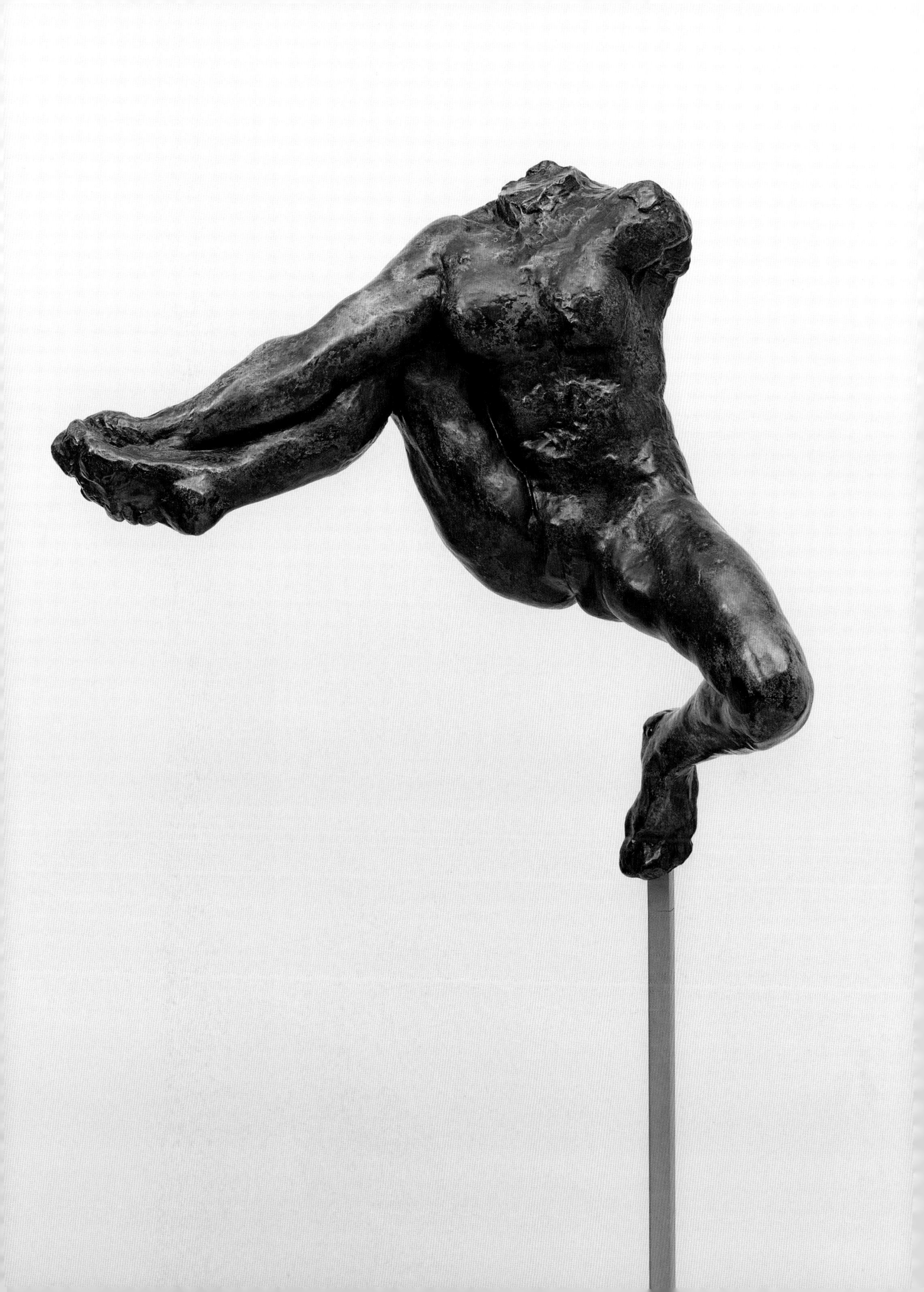

IV. VON BEWEGUNGSSPUREN UND BEWEGUNGSGESTEN

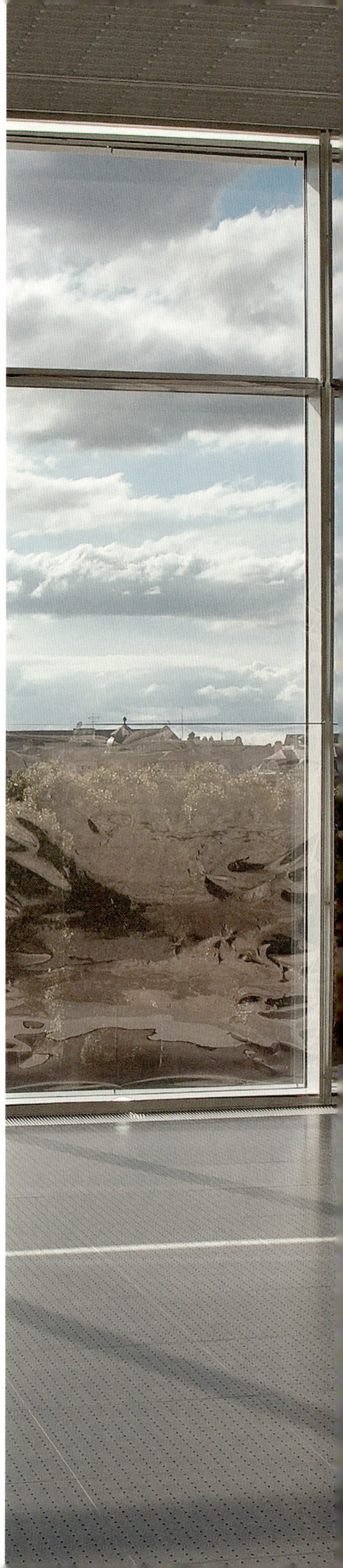

„Jeder Maler oder Bildhauer, der seinen Figuren Bewegung verleiht, […] stellt den Übergang von einer Pose in eine andere dar; er kündet, wie unmerklich die erste in die zweite hinübergleitet.“[23]

Auguste Rodin

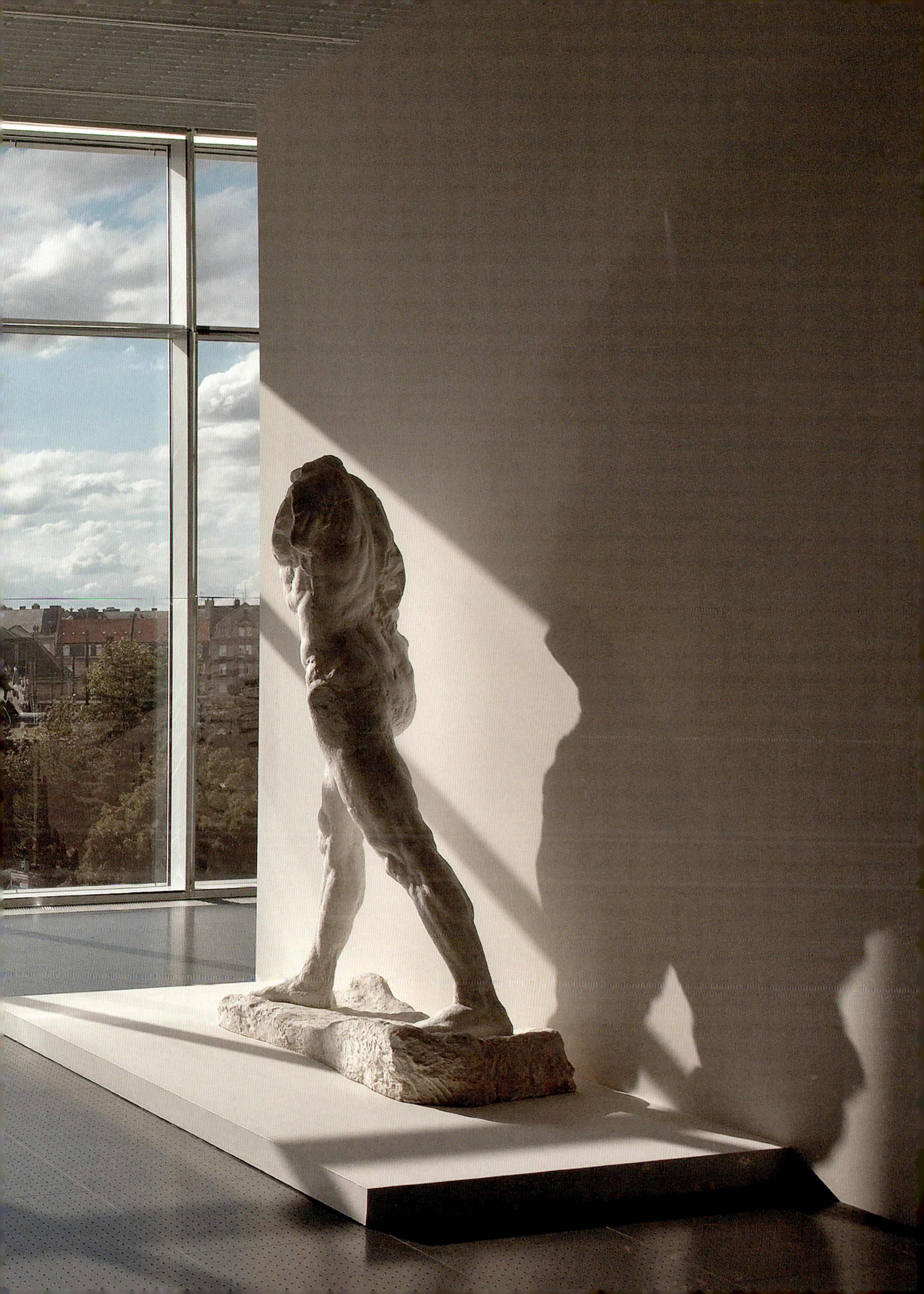

„Meine Zeichnungen sind der Schlüssel zu meinem Werk.“ [24]

Auguste Rodin

Rodins zeichnerisches Werk umfasst eine ungeheure Fülle verschiedener Arbeiten.[25] Natürlich muss man sich auch da etwas über die Faszination des Inhalts hinwegsetzen, denn es handelt sich fast ausnahmslos um weibliche, nackte Gestalten in oft zweideutigen Gebärden. Und über dieses erotische Element und seine Faszination am Körper kommt er aber doch in eine unglaubliche Freiheit der Gestaltung.

Sie bemerken, mit welchem Witz diese einzelnen Linien hier gezogen sind: wie das eine nur die Anatomie, das andere aber der freie Schwung und die gekonnte, präzise Linienführung ist.

Wenn Sie zum Beispiel beobachten, wie Rodin die Beine zeichnet, wie er die Waden konturiert und wie die Füße zu den Linien stehen, dann sehen Sie, wie hier alles in Bewegung und in einem vollkommen freien Rhythmus dargestellt ist. Zugleich ist die Farbe mit dem Pinsel so hineingesetzt, dass ihre Konturen zu den Linien differiert. Die Farbfläche, die gewöhnlich das Volumen anzeigt, stimmt nicht überein mit dem gezeichneten Abbild. Auch lösen sich die Linien von der reinen Funktion, den Körper zu bezeichnen, und werden zu Bewegungsspuren. So wird Ansichtigkeit in einem anderen Medium vorgeführt. Und jetzt sehen wir die radikalen Reduktionsverfahren, die Rodin anwendet, nachdem er dieses Prinzip entdeckt hat.

27 | (S. 62–63) , Auguste Rodin, **Schreitender Mann,** 1900, Metz (Centre Pompidou)
28 I Auguste Rodin, **Kambodschanische Tänzerin** (von vorne), Juli 1906

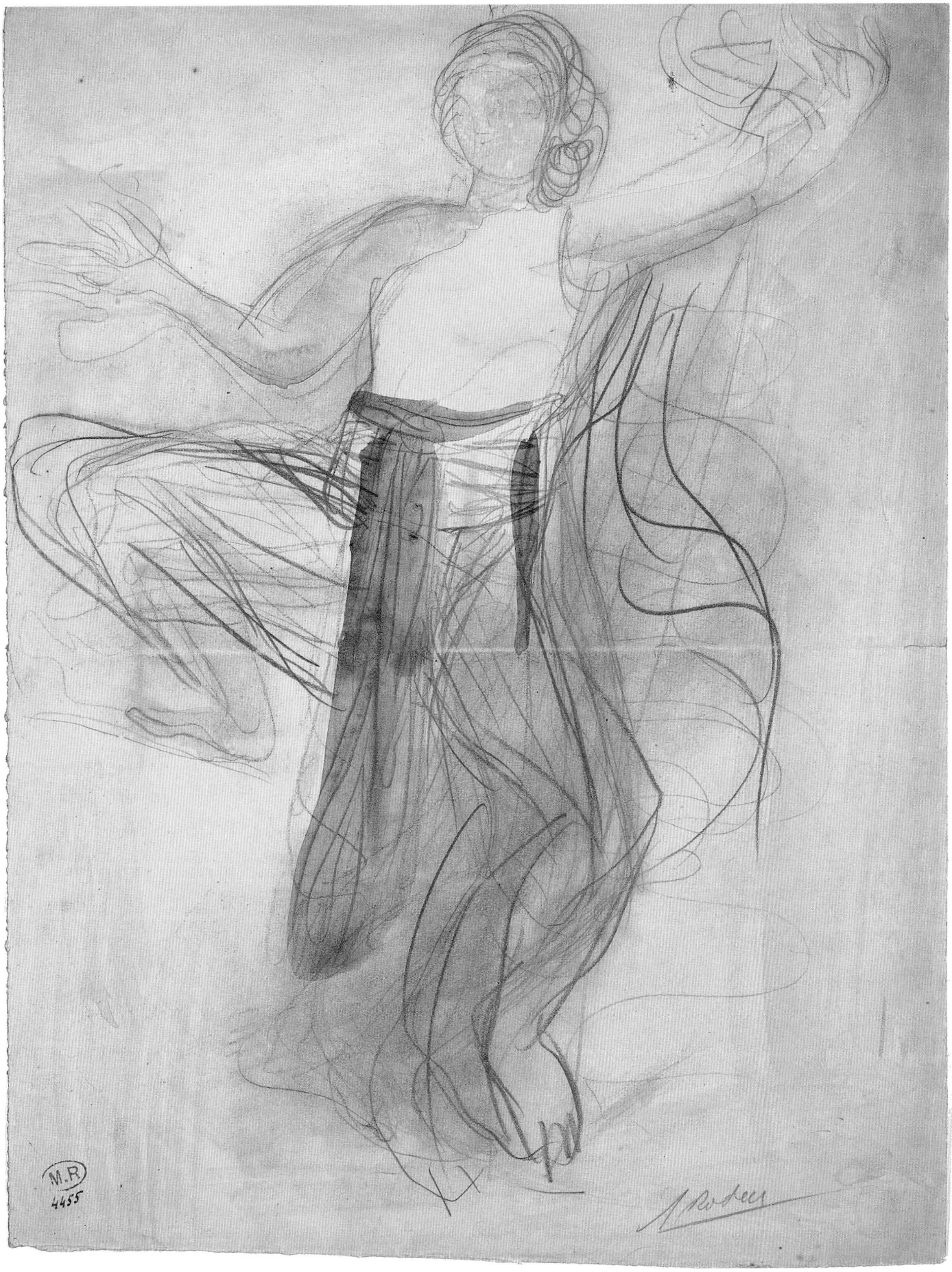
M.R
4455

„Der schreitende Mann ist hier nicht mehr das Thema, sondern hier ist das Schreiten selbst als Prozess dargestellt."

Bei dem berühmten *Schreitenden* fehlt nun einiges. In diesem Falle sind es die Arme und der Kopf. Deswegen hat man immer gedacht, es handele sich hierbei um das Problem eines Torsos – als hätte der Künstler hier eine kaputt gegangene Statue gebildet, indem er einen antiken Torso schon mit fehlenden Gliedern darstellt. Aber dieses Kunstwerk ist etwas ganz Anderes.

Wenn wir jetzt einmal allein auf den Schritt achten, sehen wir, dass bei dem Schreitenden das rechte Bein voraus und die rechte Hüfte nach vorne gestellt sind, während sich der linke Fuß gerade abstößt. Er gibt den Impuls zum Schritt, denn ohne sich los zu schubsen kommt man ja nicht vom Fleck.

Wir sehen hier also das Anschreiten: das rechte Bein steht noch recht senkrecht und der Abstand zwischen den Beinen ist viel geringer als auf den nächsten Abbildungen (S. 72 ff.). Hier ist der Abstand viel größer, wie das ja auch beim Losschreiten zunächst der Fall ist. Man hat sozusagen den vollen Schritt. Ferner sehen Sie, dass die Figur nicht auf einem geraden Sockel steht, sondern wie auf einer Welle, und diese Welle ist so geartet, dass sie den Fuß verdeckt, so dass der Eindruck entsteht, dieser Fuß könnte auch getragen sein. Der Körper ist nach vorne geneigt. Man hat den Eindruck, er sei mitten im Schritt, in einer schnellen Bewegung.

29 | Auguste Rodin, **Schreitender Mann**, 1900

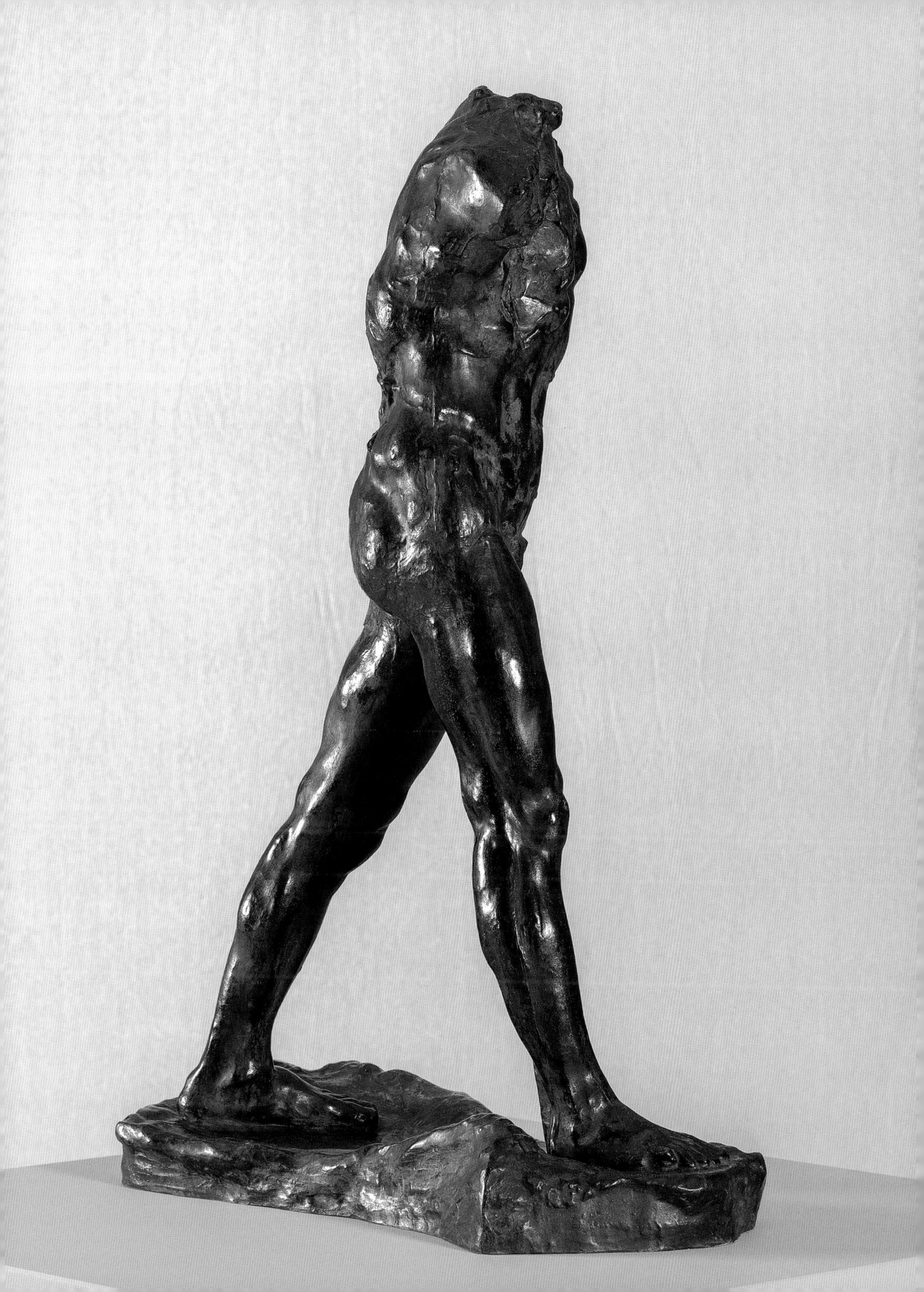

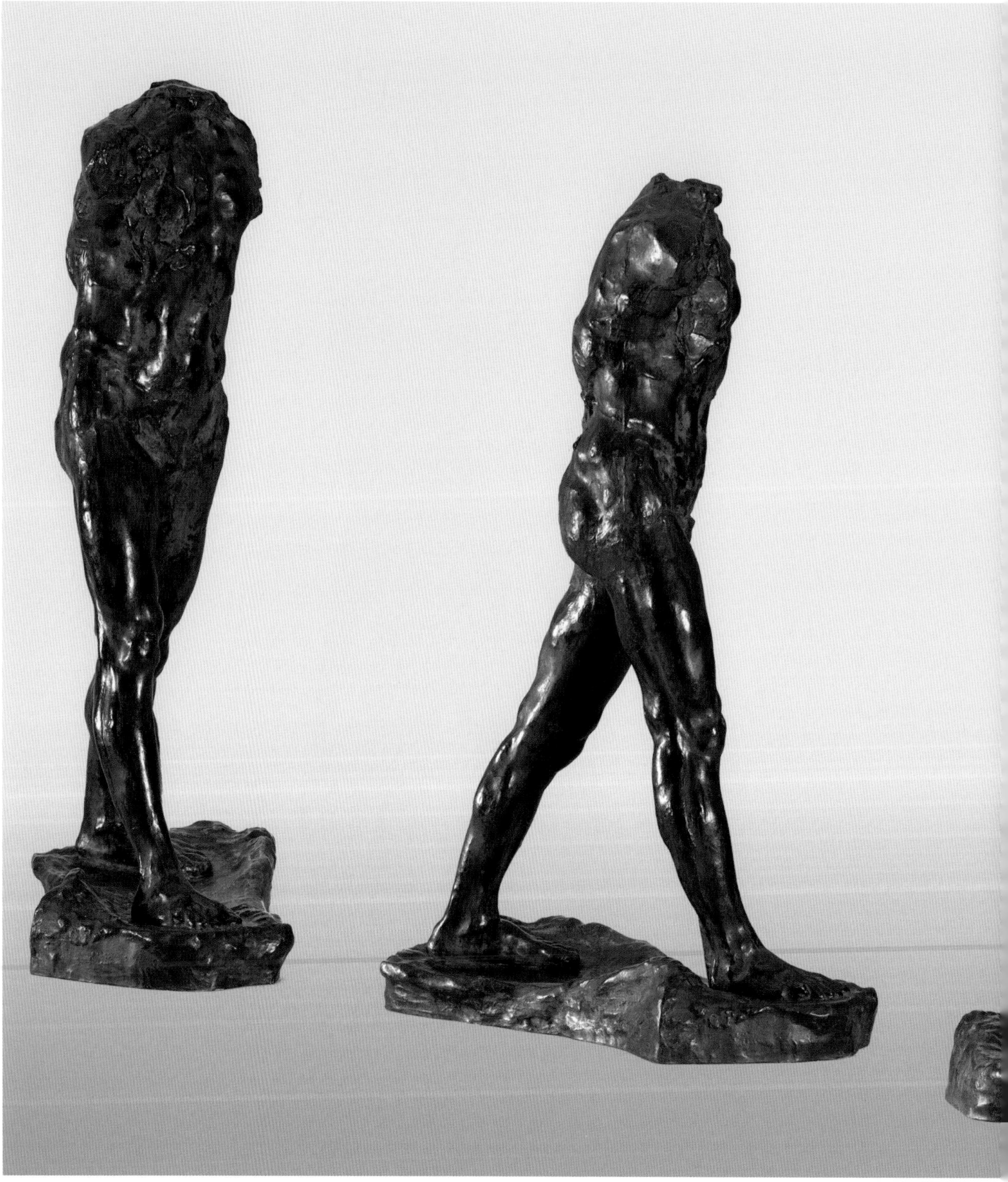

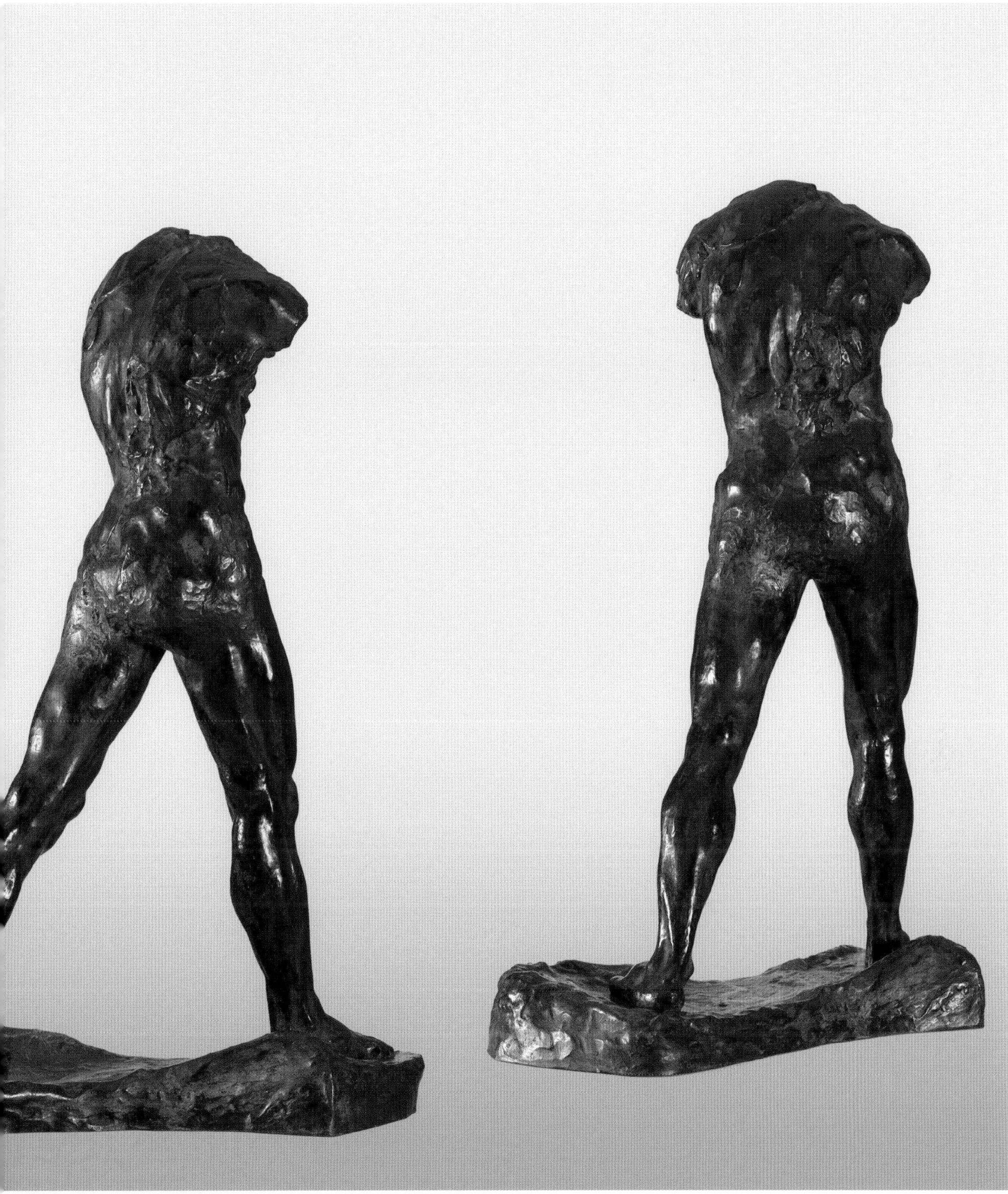

Dann sieht man, wie der Fuß, der in der ersten Ansicht noch so aussah, als hebe er sich ab und in der zweiten als schwebe er, nur eben verdeckt durch den Sockel, nun feststeht und dass hier der andere Fuß ganz streng, fast senkrecht belastet wird. Also die Phase des Schrittes, wo im Schritt das Ankommen mit thematisiert ist.

Wir umschreiten die Gestalt und sehen an der einen Beinstellung die Phasen des Schreitens selbst. Es zeigt sich, wie eine Plastik in der Lage ist, durch ihre vielseitigen Ansichten verschiedene Phasen eines Geschehens zu fassen. Das ist nun etwas ganz Ungeheures, was erst im Kubismus neu entdeckt wurde unter völlig anderen Bedingungen.[26]

Wir haben hier also gar nicht mehr das Abbild von etwas, von einem Ding, von einem Menschen, der schreitet, sondern es ist von dem Menschen alles weggelassen, was nicht zum Schreiten gehört. Dies ist nun so ausgestaltet, dass der Prozess des Schreitens dem Umschreitenden bewusst wird: Wir sind es, die die verschiedenen Phasen, die verschiedenen Stellungen wiedererkennen und einen gemeinsamen Prozess vollziehen, wenn wir tatsächlich dieses Gebilde umschreiten, also selbst tun, was wir dort sehen. Es wird nicht mehr eine Innengebärde an einem Aussehen fremd vorgeführt, sondern es wird ein Aussehen gegeben, was uns dazu animiert, etwas als Bewegungsprozess zu erkennen, den wir selbst vollführen. Das aber versetzt uns erst in die Lage, diese Gestaltung wirklich zu sehen.

Das ist in der Wortdiskussion furchtbar kompliziert, aber jeder sieht es mit Augen, der sich, wenn er nicht einschläft, da herumbewegt. Plötzlich bemerken wir: der schreitende Mann ist hier nicht mehr das Thema, sondern hier ist das Schreiten selbst als Prozess dargestellt, welches vollkommen in Bewegung übergegangen ist, indem es uns als Betrachtende in einer ganz anderen Weise mit einbezieht.

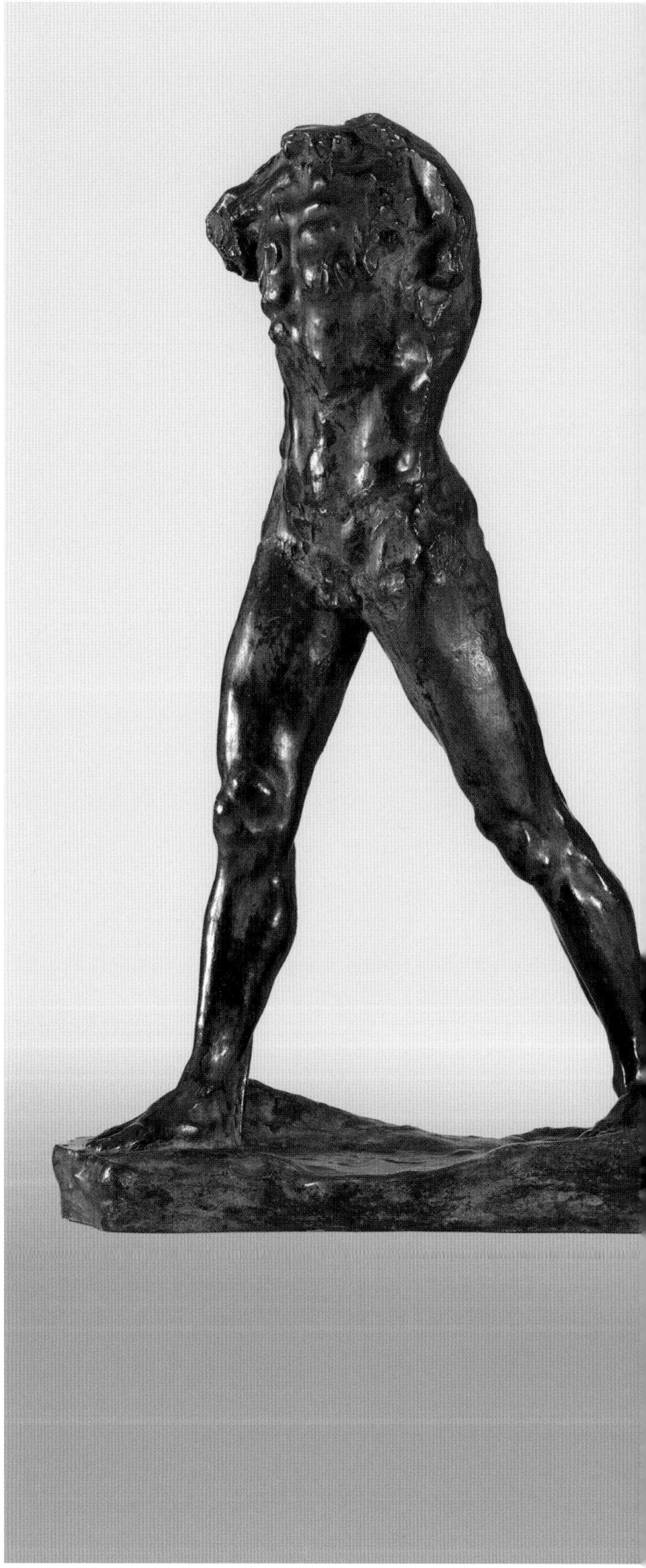

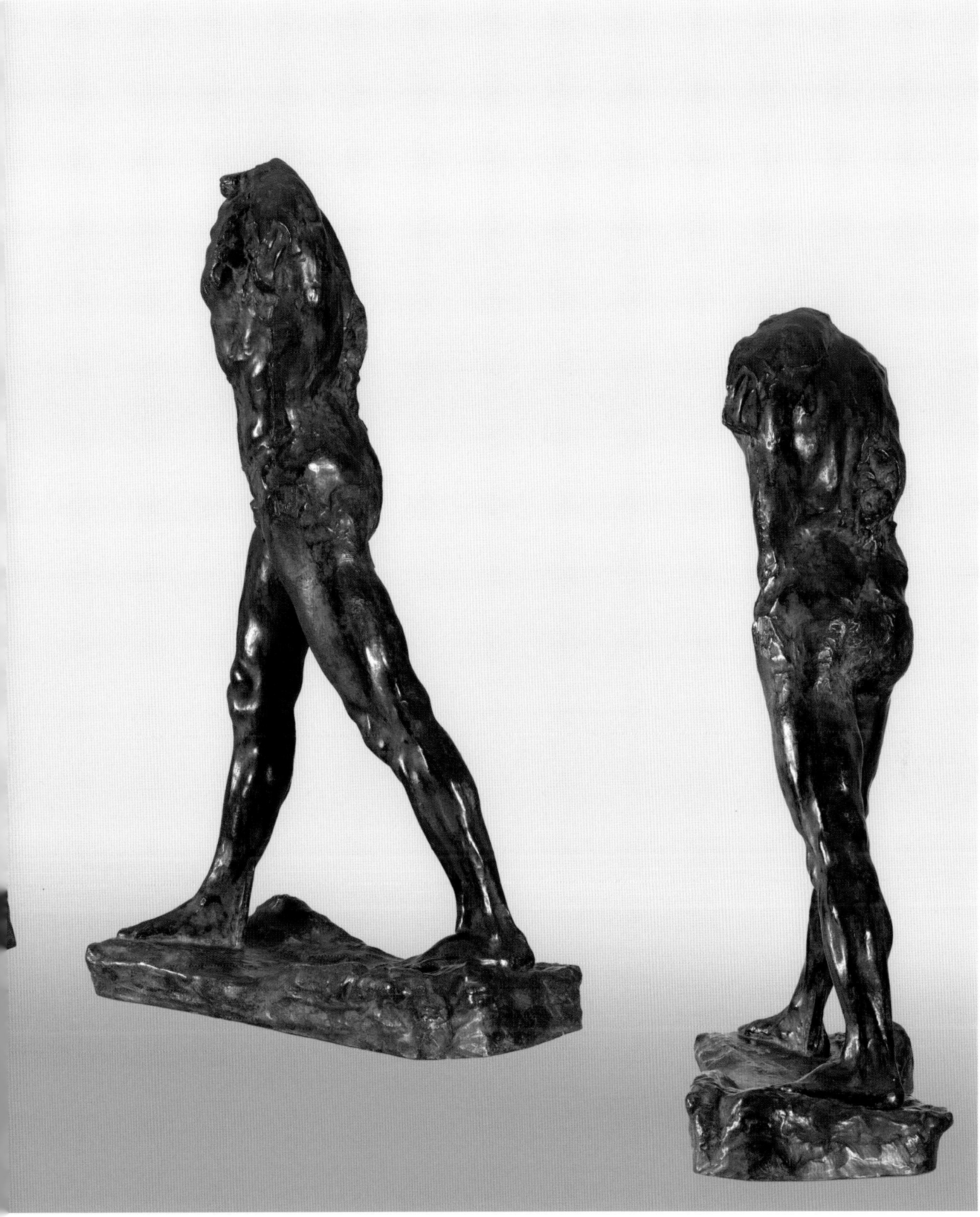

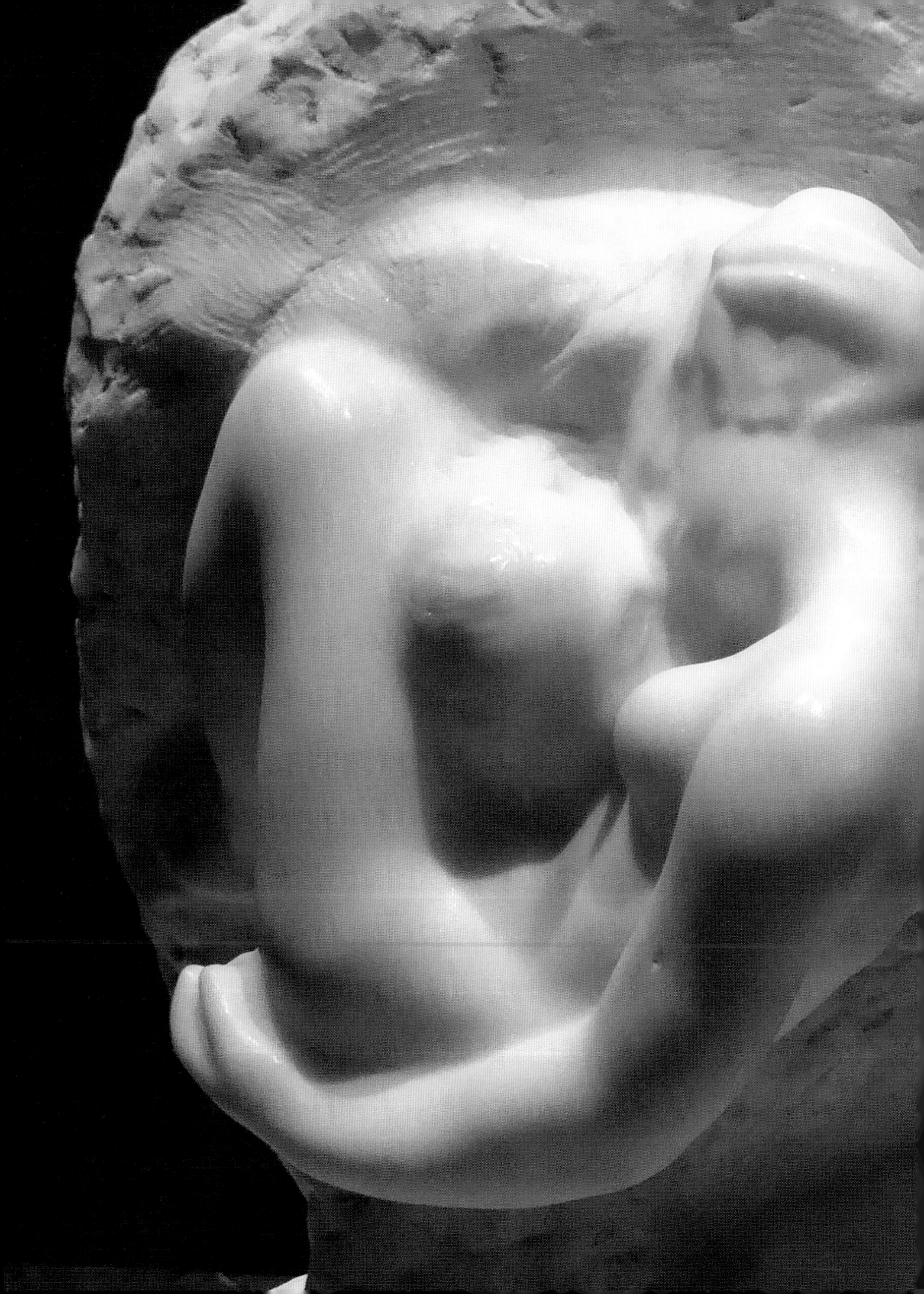

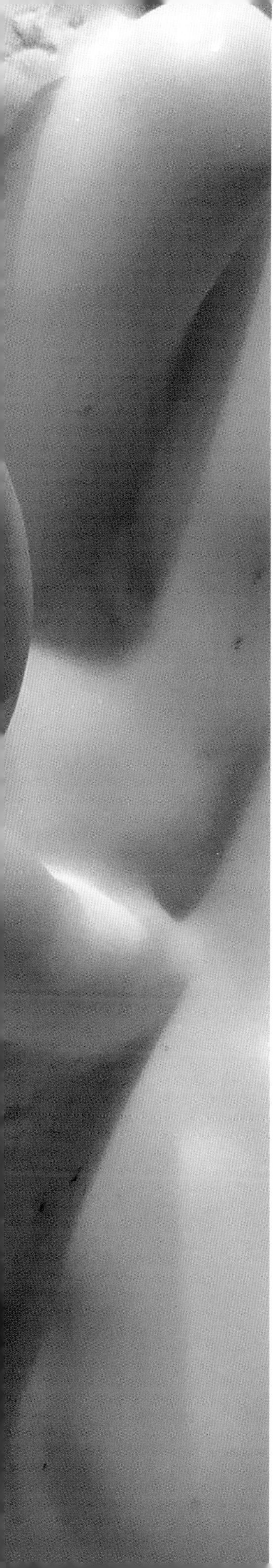

V. VOM TANZ DER FORMEN, DER OBERFLÄCHE, DES LICHTS

„Jenseits der Oberfläche tauchen unsere Blicke bis zum geistigen Wesen der Dinge hinab, und wenn wir dann Konturen wiedergeben, bereichern wir sie um den geistigen Gehalt, den sie verhüllen." [27]

Auguste Rodin

Ich muss hier nun wieder einen Sprung machen. Auch dieses Werk hat irgendwann mal einen Titel bekommen. Man sieht ein Menschenpaar und deswegen hat man gesagt: *Adam und Eva*, aber das ist aus dieser Plastik nicht herauszusehen. Es könnte sich ja auch um ein anderes Paar handeln.

Auch hier wieder das Thema, welches bereits bei der *Danaide* angeklungen ist: Dort haben wir den behauenen Sockel gesehen, in welchen die Haare weich übergingen. Auch hier können wir beobachten, wie die nahezu vollendeten Gestalten glatt auf dem noch rauen Stein hervorgehoben sind.

Man könnte jetzt sagen, so wie Rodin scheinbar mit Absicht einen Torso als Fertiges hingestellt hat, so hat er auch hier die Form des non-finito als Aussageziel genommen. Er macht also von vornherein eine Figur, die dann fertig ist, wenn sie so aussieht, als wäre sie nicht fertig. So gesehen gibt es hier kein *non-finito*, denn das Gestaltungsziel ist ja bereits erfüllt.

30 I (S. 76–77) Auguste Rodin, **Hand Gottes** (Detail), 1898–1902

31 I Auguste Rodin, **Adam und Eva**, vor 1905

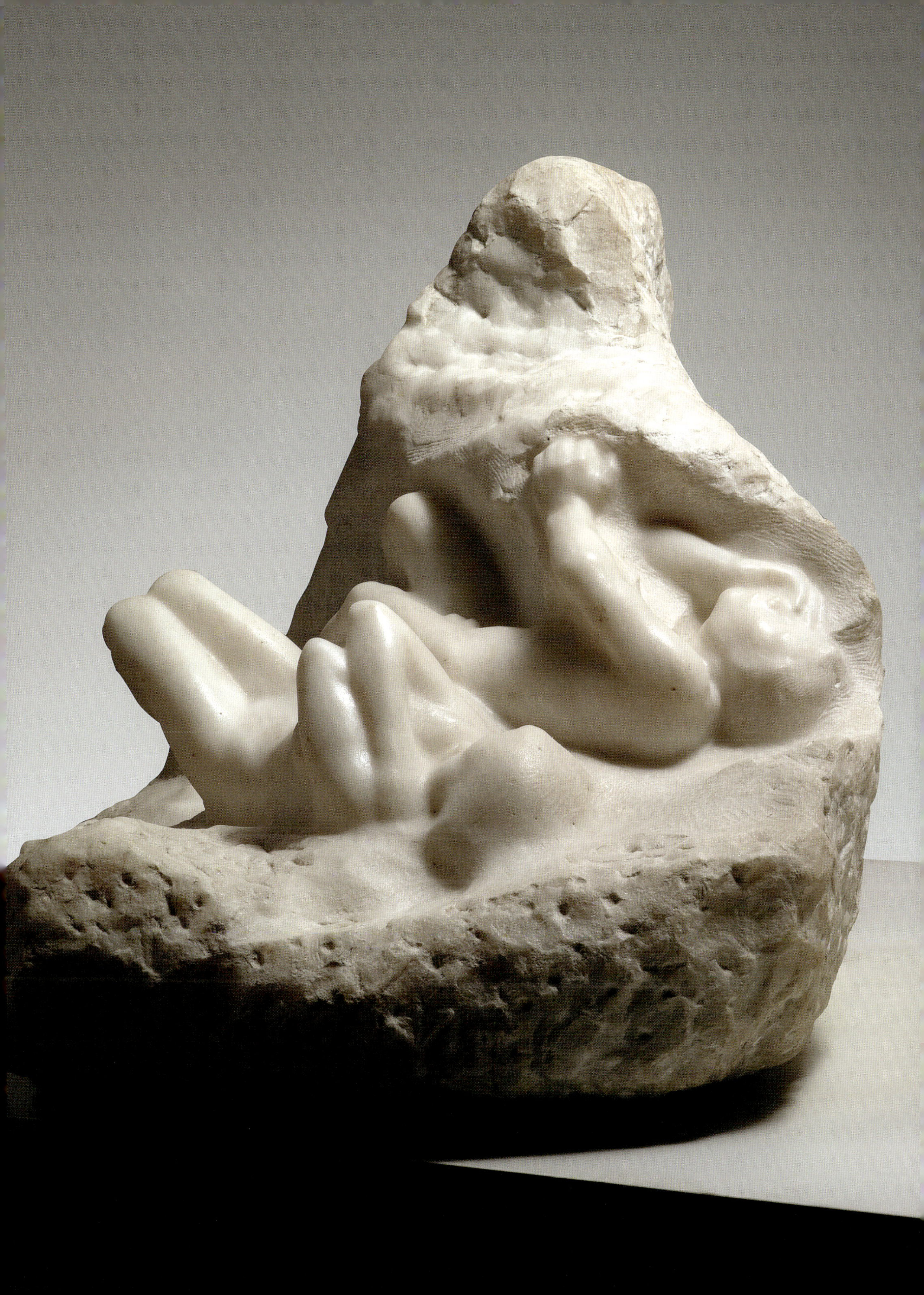

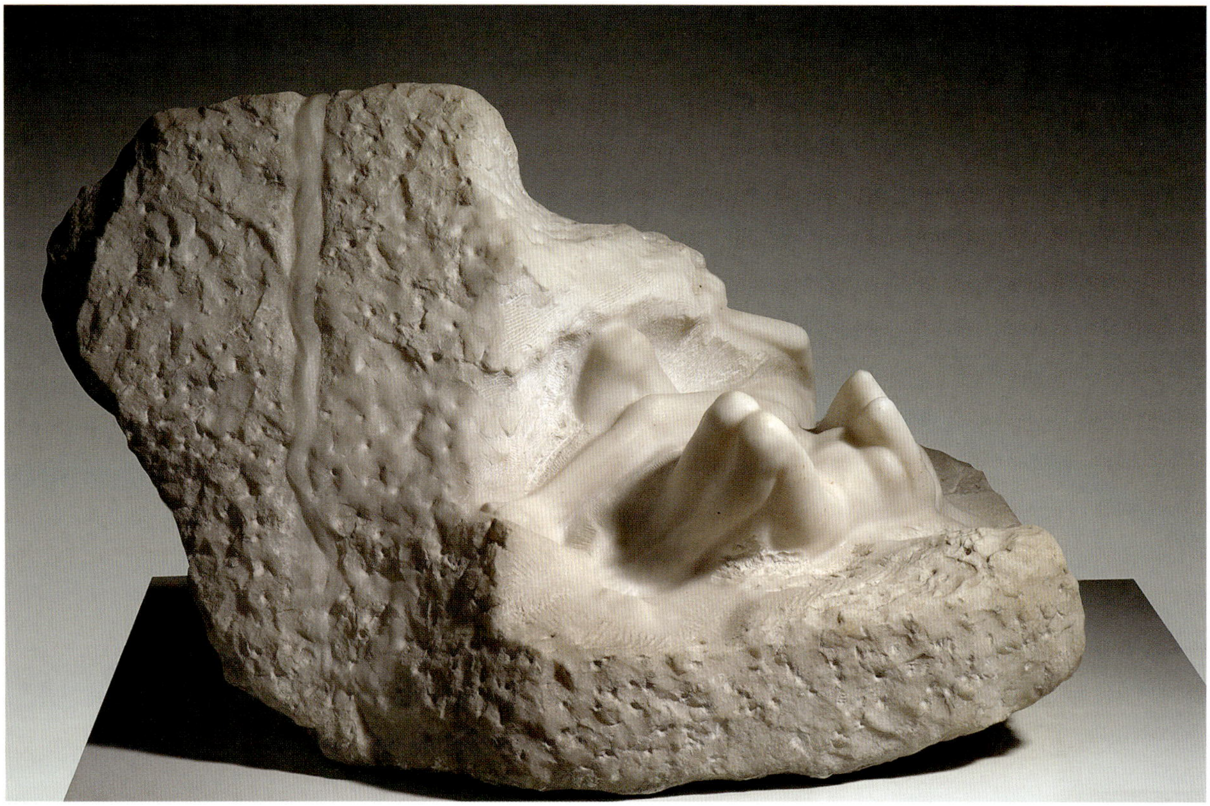

„Alle wesentlichen Formen sind da, und sie wären nicht mehr da, wenn ich die Arbeit dem äußeren Anschein nach mehr vollendete." [28]

Auguste Rodin

Aber es kommt wieder zu einer thematischen Einholung, denn wenn es in diesem Werk tatsächlich um die Erschaffung der ersten Menschen geht, dann zeigt sich hier, wie sich die Gestalten aus dem Lehmklumpen herausentwickeln, so dass auch das noch nicht behauene Gestein im Fertigen thematisiert wird. Es entsteht ein Kontrast zwischen dem schon vollendeten, sichtbar Herausgehobenen der menschlichen Gestalt und dem noch nicht durch Menschengestalt ergriffenen Umstein.

Wir haben hier also die Chance, das Werden der Figuren aus dem Stein zu erfahren und es gleich zu übertragen auf das Thema: Das Werden der menschlichen Gestalt. Das fließt, das kommt hier ineinander. So wird die thematische In-Eins-Werdung plötzlich anschaulich und beginnt inhaltlich zu interferieren. Deswegen wird auch das nächste, thematisch und gestalterisch ähnliche Gebilde sehr spannend.

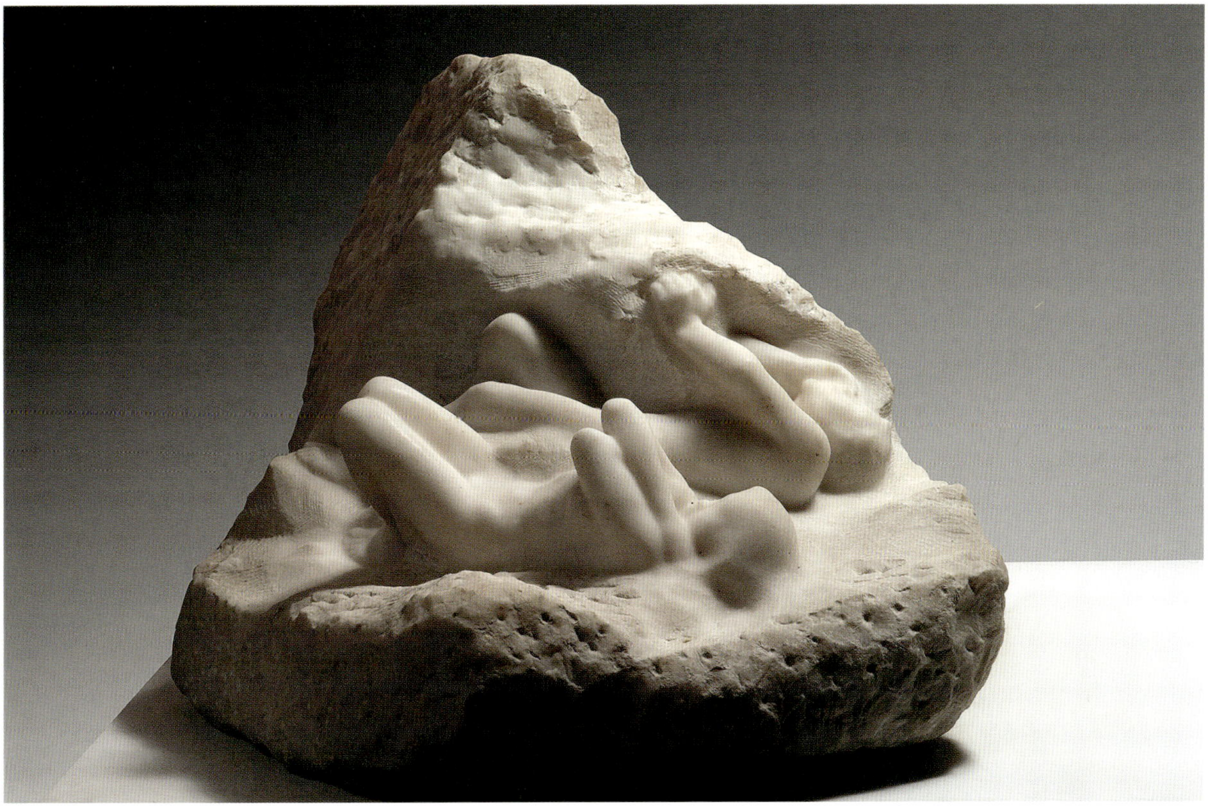

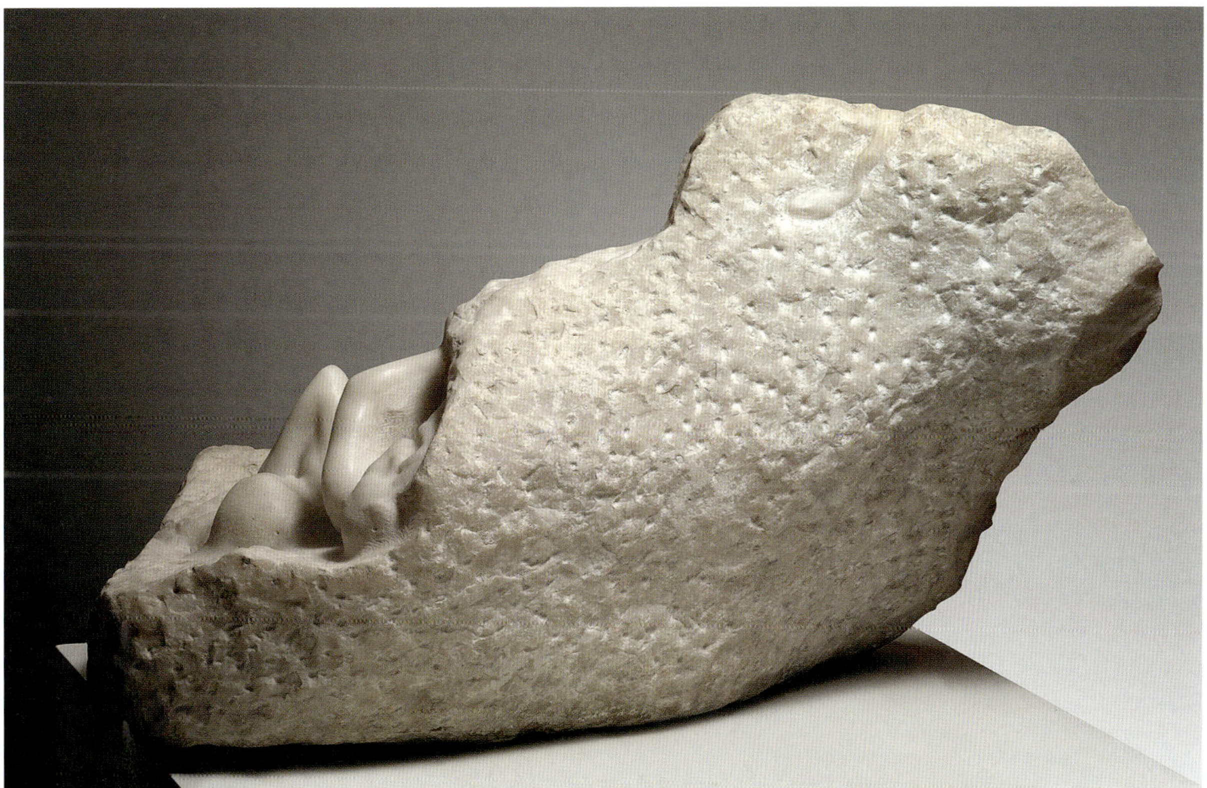

„Wenn man eine Hand betrachtet, bemerkt man ihre Konturen und den Charakter des Ganzen. Aber das Auge des Künstlers, dieses Auge, sieht mehr: es sieht die unendliche Ansammlung von Erhebungen und Vertiefungen, die ein Gefüge bilden, das dichter geknüpft und genauer verschmolzen ist als das vollkommenste Mosaik.“ [29]

Auguste Rodin

Wir sehen ein nicht sehr großes Objekt, das eine ganz wunderbar ausgearbeitete Hand enthält. Wenn wir sie von der Seite anschauen, umgreift sie nichts anderes als einen Block. Im Umschreiten des von der Hand umfassten Blocks wird sie nach und nach von allen Seiten sichtbar und wir stellen fest, wie der Block auf einmal ausfiguriert ist (S. 85 / 87). Auf einer Seite ist es der geschlossene Stein und auf der anderen Seite differenziert sich eine menschliche Gestalt. Die Hand ihrerseits steht aber auch wieder auf einem rohbelassenen Sockel. Man kann aber nicht sagen „unvollendet“, denn das Rohbelassene entspricht thematisch dem, was die gestaltete Hand umfasst hält: einen Block, aus dem sich wieder eine Figur entwickelt, eine Inversion, eine Art mikrokosmischer und makrokosmischer Aspekt: das Große im Kleinen, das Kleine im Großen.

32 | Auguste Rodin, **Hand Gottes**, 1898–1902

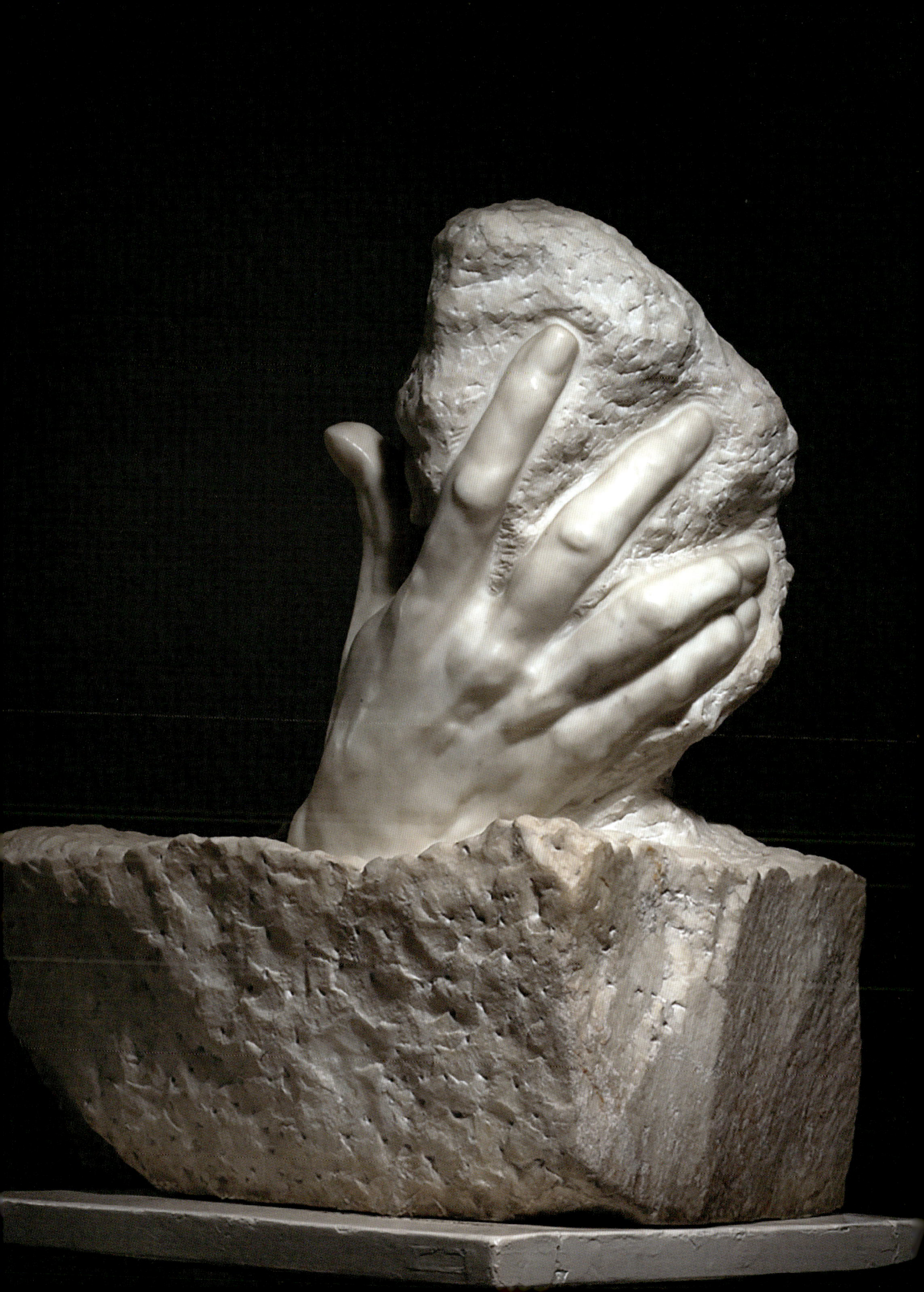

Wir sehen, wie eine Figuration zum Vorschein kommt, wie plötzlich die Oberfläche anfängt zu sprechen als unmittelbar inhaltlicher Beitrag zu dem Geschehen, als eine noch nicht vollkommen durchgestaltete Werdegestalt.

Es wird hier das noch sichtbare rohe Material überwunden und ist gleichzeitig thematisch wichtig, weil es sichtbar bleibt im Kontrast zu der sich ausgestaltenden Figuration. So wird das Thema der Gestaltwerdung durch den Schöpfer in allen Ebenen der Künstlerschaft sichtbar gemacht. Dazu gehören auch die jetzt unsichtbaren Hände des Künstlers, der um die Form ringt. Das, was man sieht und das, was sich ausdrückt, fallen zusammen. Ausdruck und Aussehen werden dasselbe. Aber es ist eben noch sehr viel komplizierter.

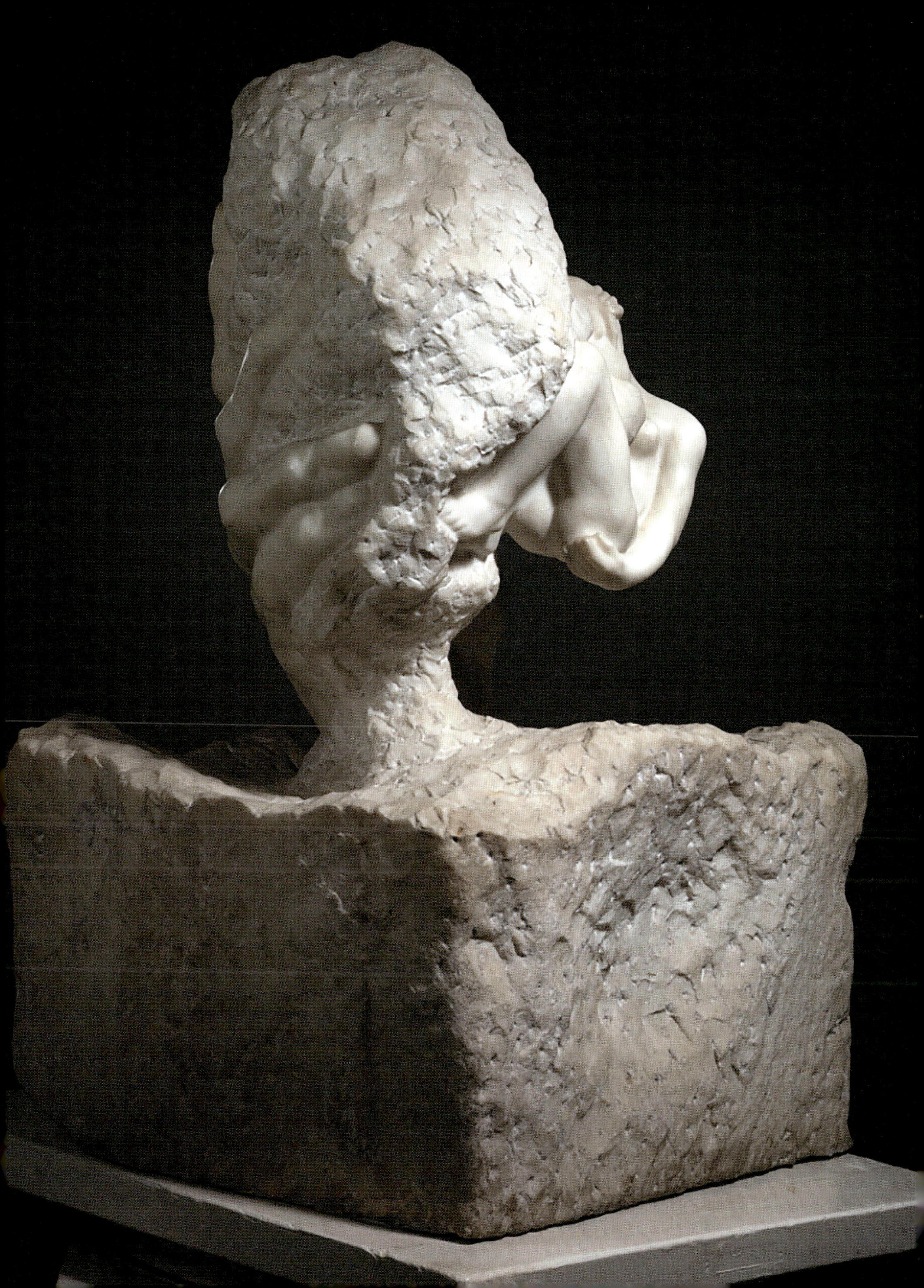

„Seine [Rodins] schweren Hände waren wie aufgewacht, das Auge begann zu brennen. [...] Wieder änderte er, trat vor und zurück, drehte den Sockel, murrte, und aus der Kehle brachen merkwürdige schluckende Laute, bald leuchtete das Auge, bald kniffen sich ärgerlich die Brauen zusammen. [...] Sein schwerer Leib bewegte sich leicht, eine Wachheit war über sein Wesen gekommen, die zugleich einer Trunkenheit glich; nichts wusste, nichts merkte er mehr, allein mit seinem Werk wie Gott am ersten Tag der Schöpfung." [30]

Stefan Zweig

Wir schauen jetzt von der anderen Seite in die Hand Gottes hinein und sehen ein menschliches Paar, was sich da umschlungen hält. Ineinander geschlungene Gestalten, die sich aus dem Block herausdifferenzieren. Dabei kann man bemerken, wie ungeheuer schwierig es ist, Aussehen, Ansichtigkeit, Abbildhaftigkeit und Ausdrucksgebärde in eins zu bringen und zugleich den Stein zu thematisieren und zu überwinden. Es ist eben ein schier unlösbares Rätsel.

Die Kunst besteht nun gerade darin, dass sie das, was theoretisch nicht möglich ist, löst. Aber nie kompromissfrei löst. Das Interessante ist der Weg, wie eine Lösung gefunden wird. Dabei sehen wir Rodin immer auch auf einem Weg. Nie ist er an einem Ziel und trotzdem bedeutet jede Wegstufe für das, was wir sehen können, auch wieder ein neues Ziel. Dann ist auch das Thema *Mensch und Gedanke* von Interesse, wo Rodin nun das Unfertige selbst darstellt.

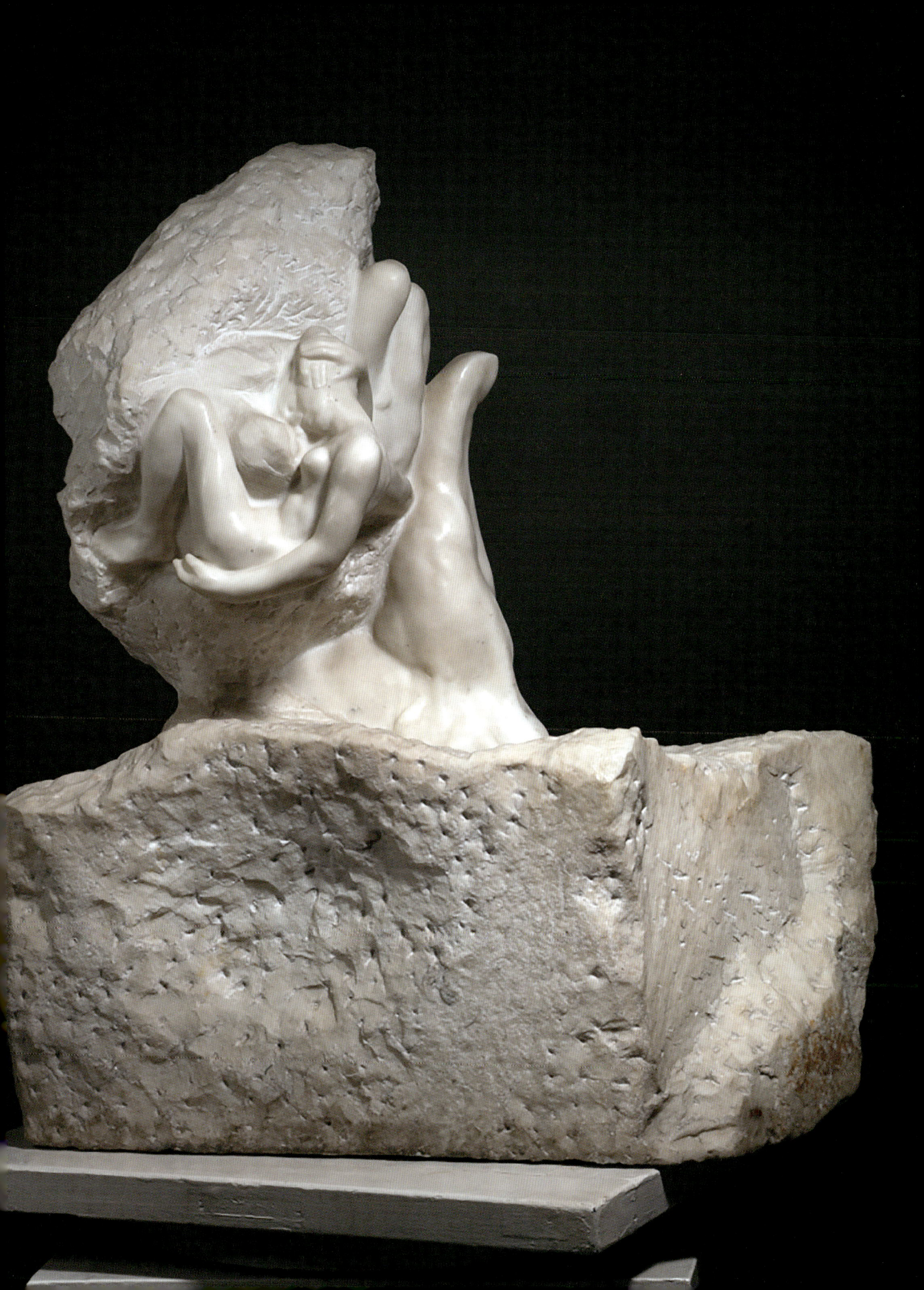

Wir sehen hier, wie sich eine Figur an eine andere anlehnt. Beide Gestalten sind nicht vollständig aus dem Stein herausgelöst und es bleibt der Stein als solcher sichtbar. Lassen Sie uns nun auf die changierende, mal helle, mal dunkle Oberfläche achten. Wir sehen, wie das obere Gesicht in der Farbe des Steines fast verschluckt wird und wie von der Seite der Zwischenraum zwischen den Figuren nur noch in einer feinen Ausdifferenzierung zu sehen ist. Bei dunklem Hintergrund tritt der Zwischenraum wie eine Art Kluft, nicht wie ein Durchblick, in Erscheinung.

Von welcher Seite wir es auch nehmen, es spielt sich hier sehr vieles mit der Beleuchtung ab. So können wir zum Beispiel beobachten, wie das Spiel von Hell und Dunkel ganz weich ineinander übergeht, wie es sich mal als Einheit, mal auch körperlich als Zweiheit zeigt. So hat man das Eine und das Andere, und wenn das mit dem Thema verbunden wird, dann ist es schon außerordentlich spannend zu beobachten, was es denn nun ist: Sind das zwei voneinander gelöste Gestalten, die sich begegnen? Oder ist das eine Einheit, die sich differenziert?

Diese Fragen bleiben offen, und es besteht wiederum eine Art Gefährdung, denn wir bemerken, dass die Gestalt anfängt sich aufzulösen. Es ist nicht nur eine Werdegestalt, sondern das geht auch in das Überfragile, da verliert sich vielleicht ein wenig die Gestaltungskraft, die der junge Rodin in einem solch ungeheuren Übermaß besessen hat.

Wir sehen, wie auch dieses erotische Thema immer eine Gratwanderung zum Kitsch darstellt. Doch an dieser Schärfe, an dieser Gratwanderung kann plötzlich etwas sichtbar werden, was in dieser Deutlichkeit noch nicht vorgekommen ist: die Möglichkeit nämlich, nun die ganze Plastik immer mehr in Bezug auf das Hell und Dunkel aufzufassen und nicht mehr als das körperliche Volumen, das von der Haut umschlossen wird. Zugleich bietet das Halbgeformte, das Sich-Ausformende die Möglichkeit zur Überwindung des Blickes, der nur noch in der Vorstellung das Abbild sieht.

33 | Auguste Rodin, **Der Mensch und sein Gedanke**, 1899–1900

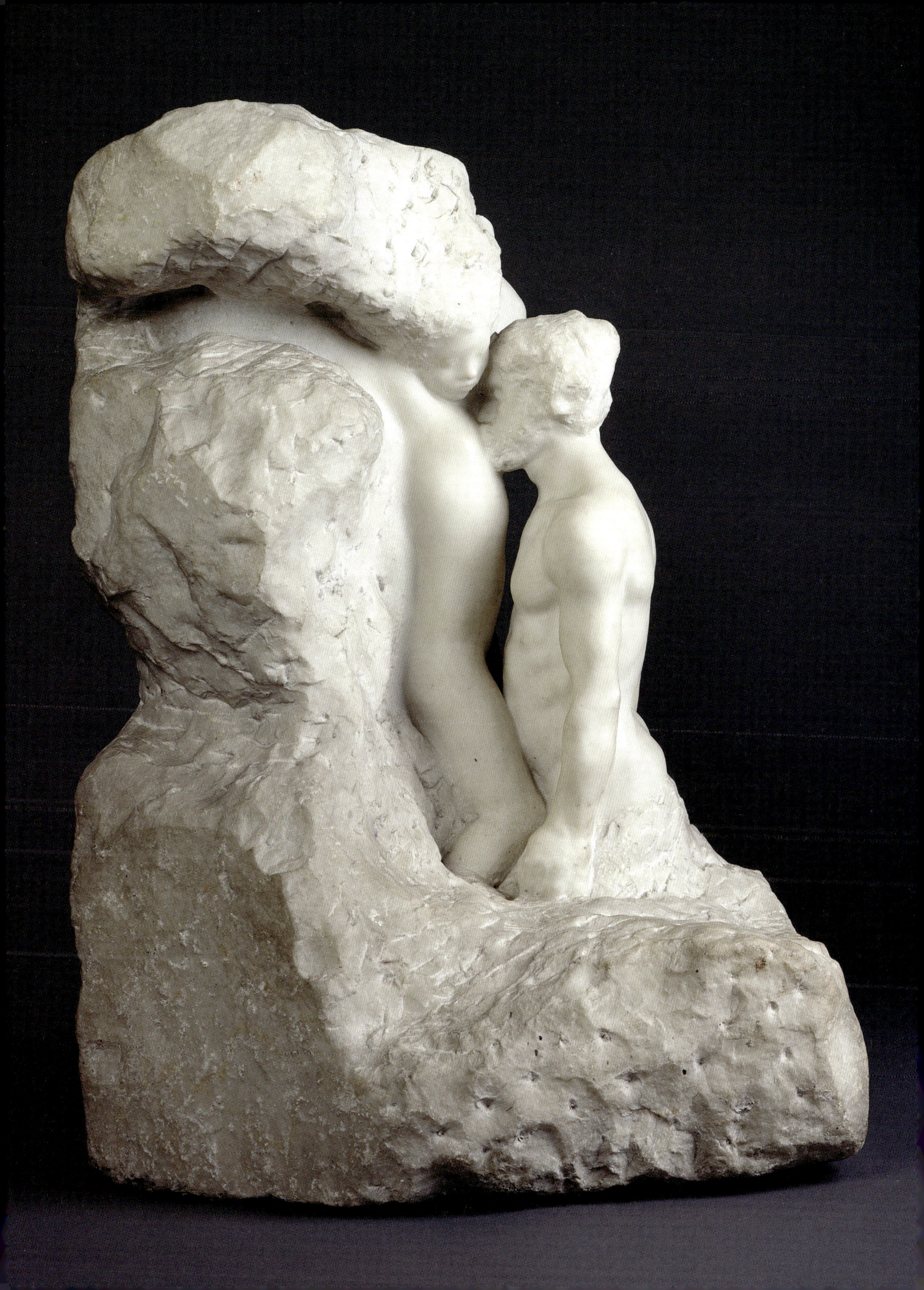

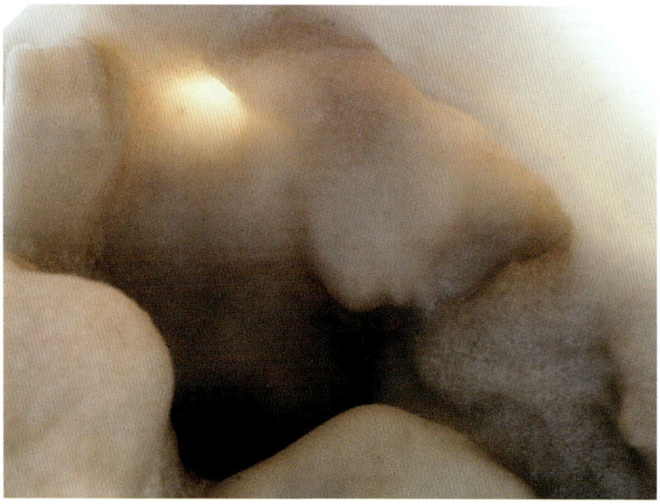

Wir sehen hier zwei Gestalten und auch wieder den Stein als Stein. Die eine Figur lehnt sich stehend an den Felsen, die andere sitzt seitlich oberhalb der ersten und neigt ihren Kopf und Arm über sie. Wir haben es hier mit einem Experiment zu tun, das ich in der Kunstgeschichte sonst gar nicht kenne und auch erst durch längeres Beobachten entdeckt habe. Sehen Sie, wie zwischen Haar und Schulter der oberen Figur der Marmor dermaßen ausgedünnt ist, dass er transparent wird (Abb. 34)? Rodin macht hier den Versuch, nicht nur die Oberfläche zum Lichtereignis zu machen, sondern den Stein selbst bis in die Lumineszenz, bis in eine „physische Transparenz" zu führen. Er versucht also das Ganze so aufzufassen, dass nicht nur die Binnenräume vielfältig aufgehellt und verschattet werden, sondern auch ineinander übergehen und die ganze Figur umspielen, wie das sonst nur bei einer Linie oder Kontur der Fall ist. Hier aber wird der Stein selbst mit seiner Durchsichtigkeit in diesen Prozess aufgenommen.

Auch das birgt wieder die schon angesprochene Gefahr, ins Kitschige zu geraten. Rodin ist eben immer an die Grenzen gegangen. Und dann kommt plötzlich eine Spätphase, die nochmals mit allem bricht und höchstens anknüpft an die Radikalität des *Schreitenden Mannes.*

34 I Michael Bockemühl, Detailaufnahme, 1994

35 I Auguste Rodin, **Die Erde und der Mond**, 1899

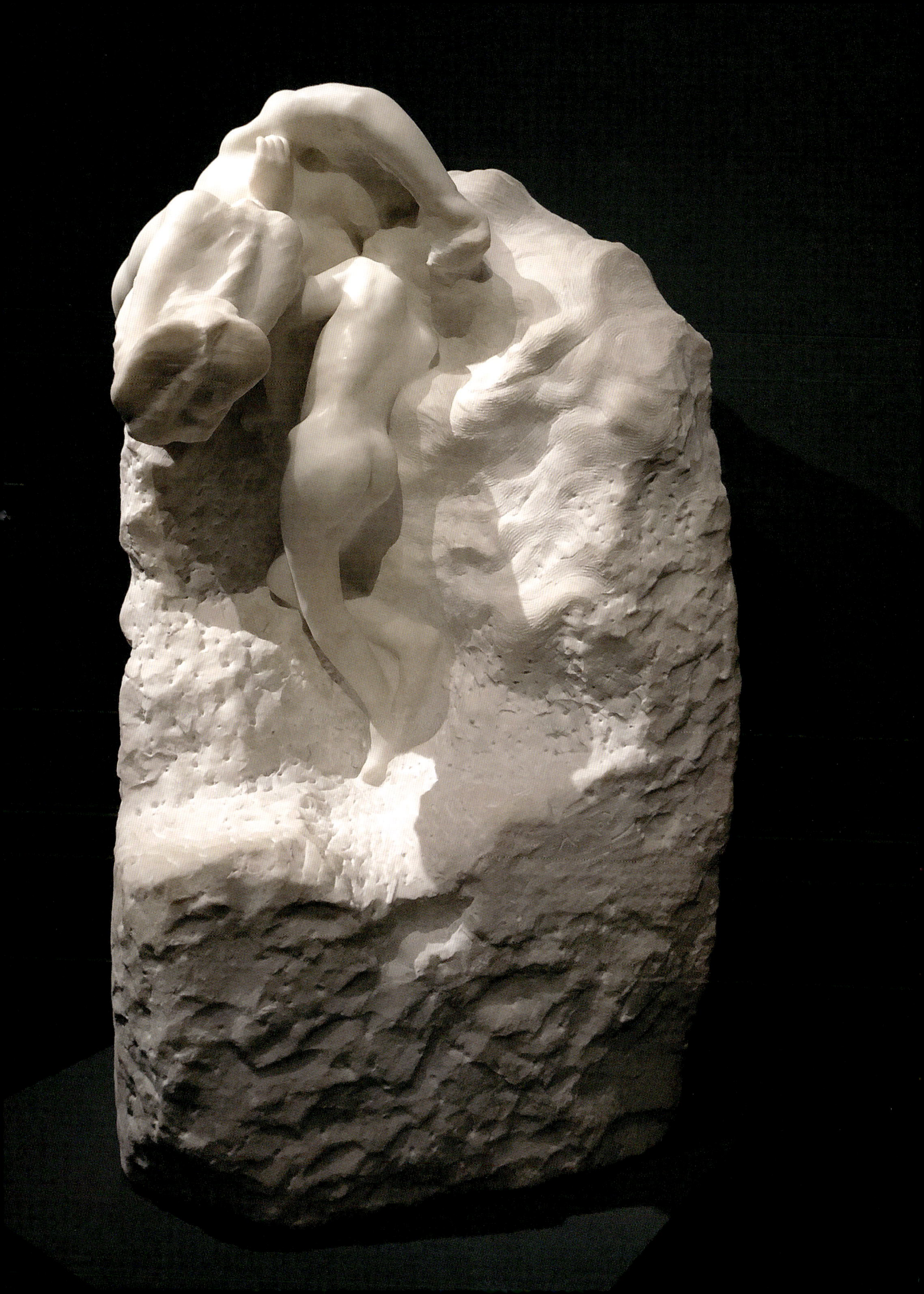

„Es tanzt hier nicht mehr die Figur an sich, sondern das Licht und die Konturen an der Oberfläche."

Hier ein Modellentwurf für eine Figur vor dem Guss. Sie wird nur schwer aus ihrer anatomischen Identität heraus fassbar. Auch ist sie keine Statue mehr, denn eine solche müsste dem Namen nach eigentlich stehen. Die Statuarik scheint hier aber vollkommen aufgehoben.

Wir sehen im oberen Teil der Figur ein exzentrisches Volumen, ein Gewicht, was kaum zu halten ist. Und der Kopf ist so wie ein Akzent, der einen richtigen Bewegungsschub gibt. Das obere Bein ist kein richtiges Bein mehr, sondern wirkt bei zusammengekniffenen Augen wie eine lockere Ansammlung heller und dunkler Effekte. Dieses Gebilde wirkt vollkommen unstatisch und kann erst durch das streifende Auge wirklich erfasst werden.

36 I Auguste Rodin, **Nijinsky** (Gipsmodell), um 1912

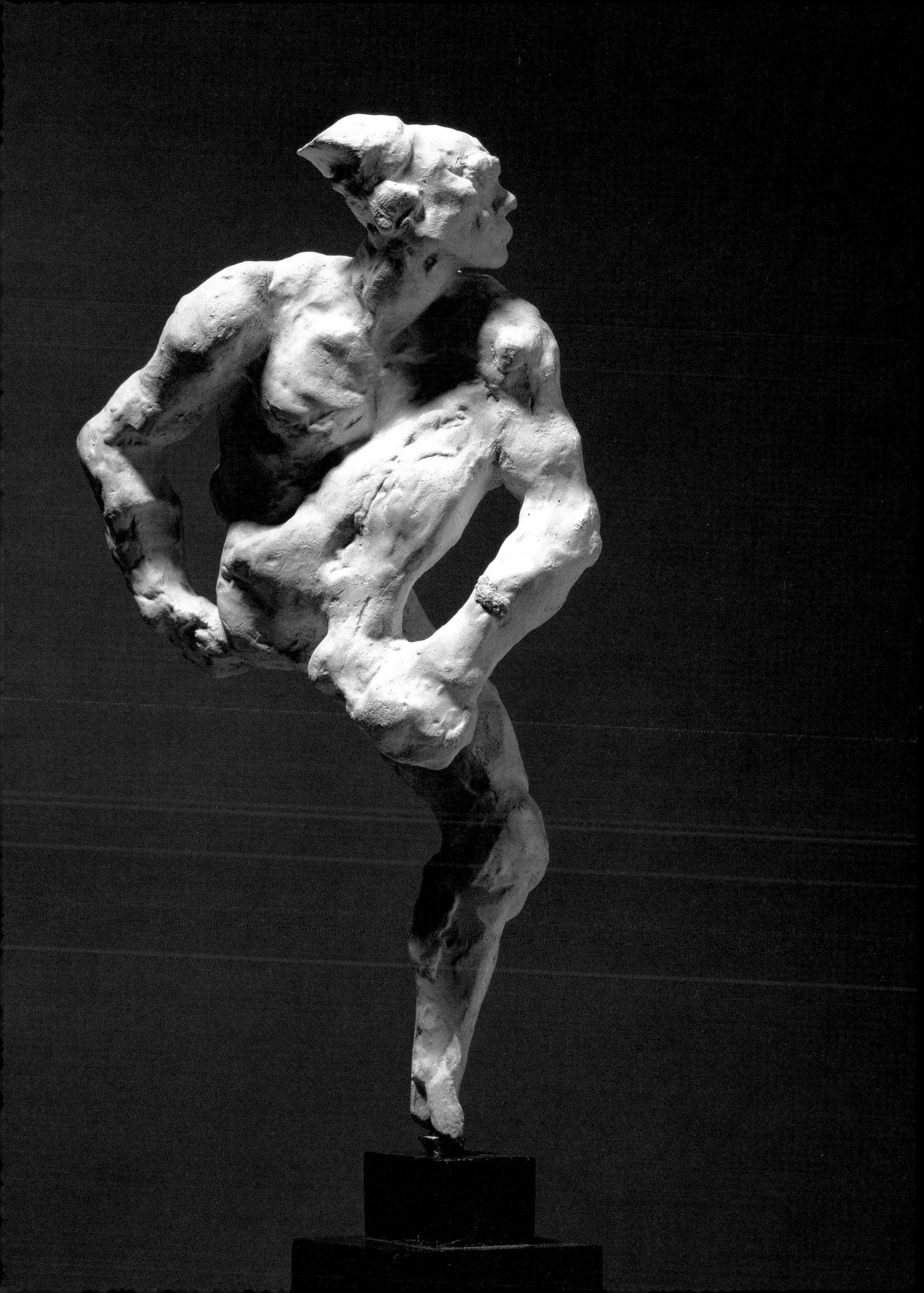

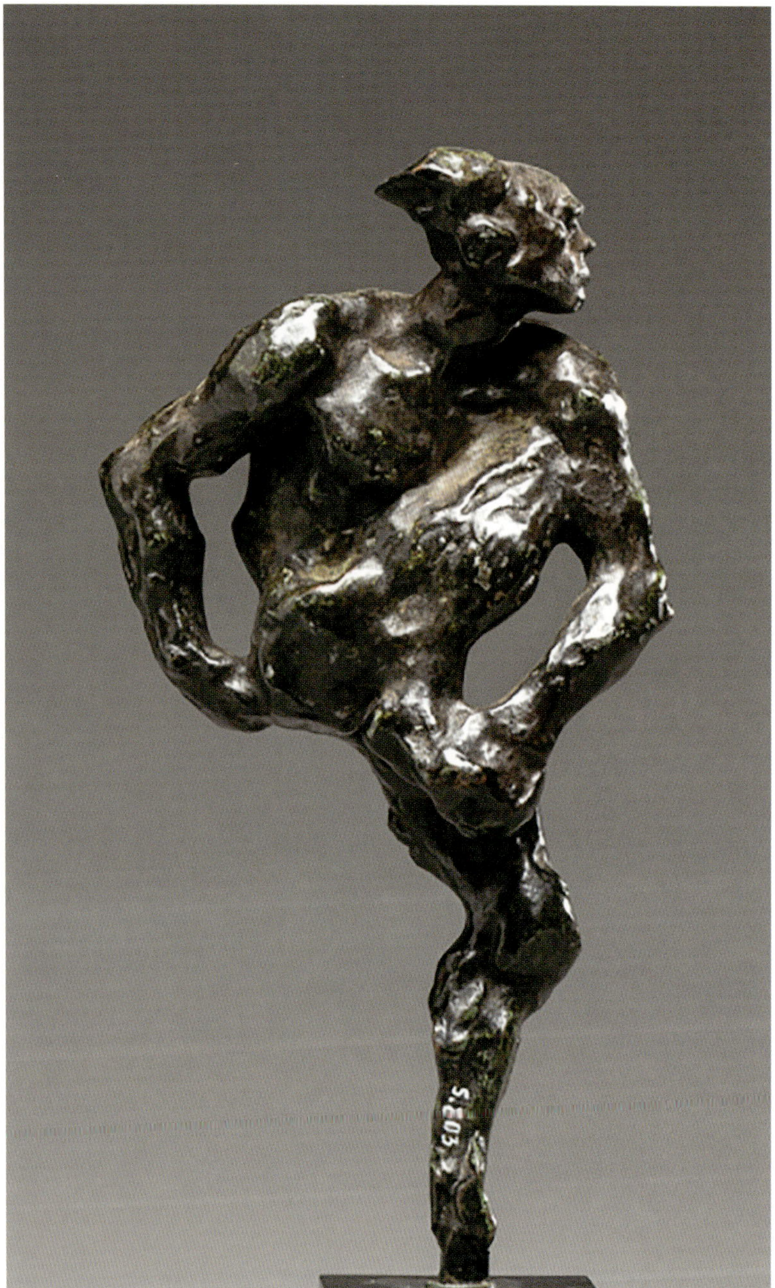
S.203

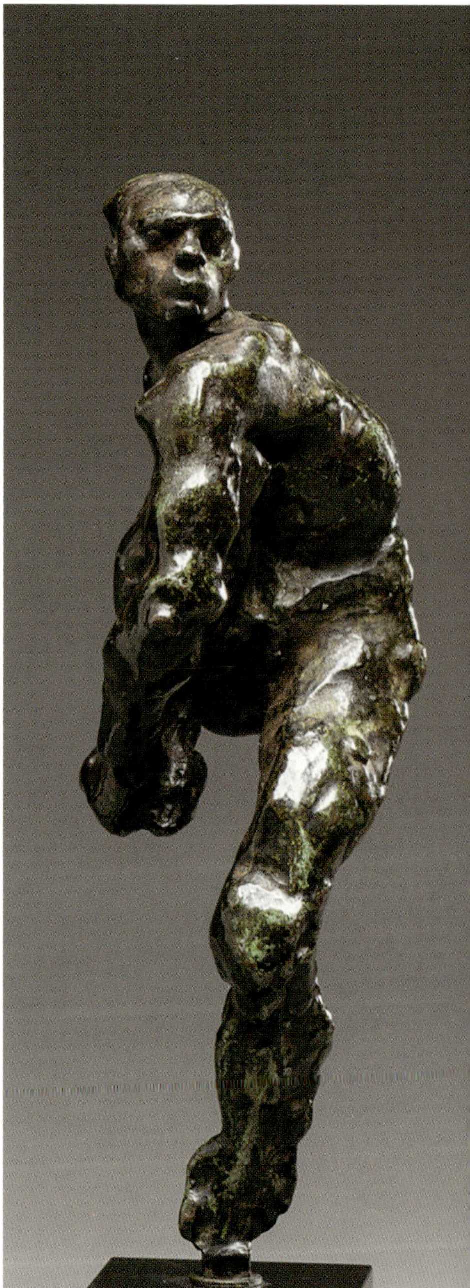

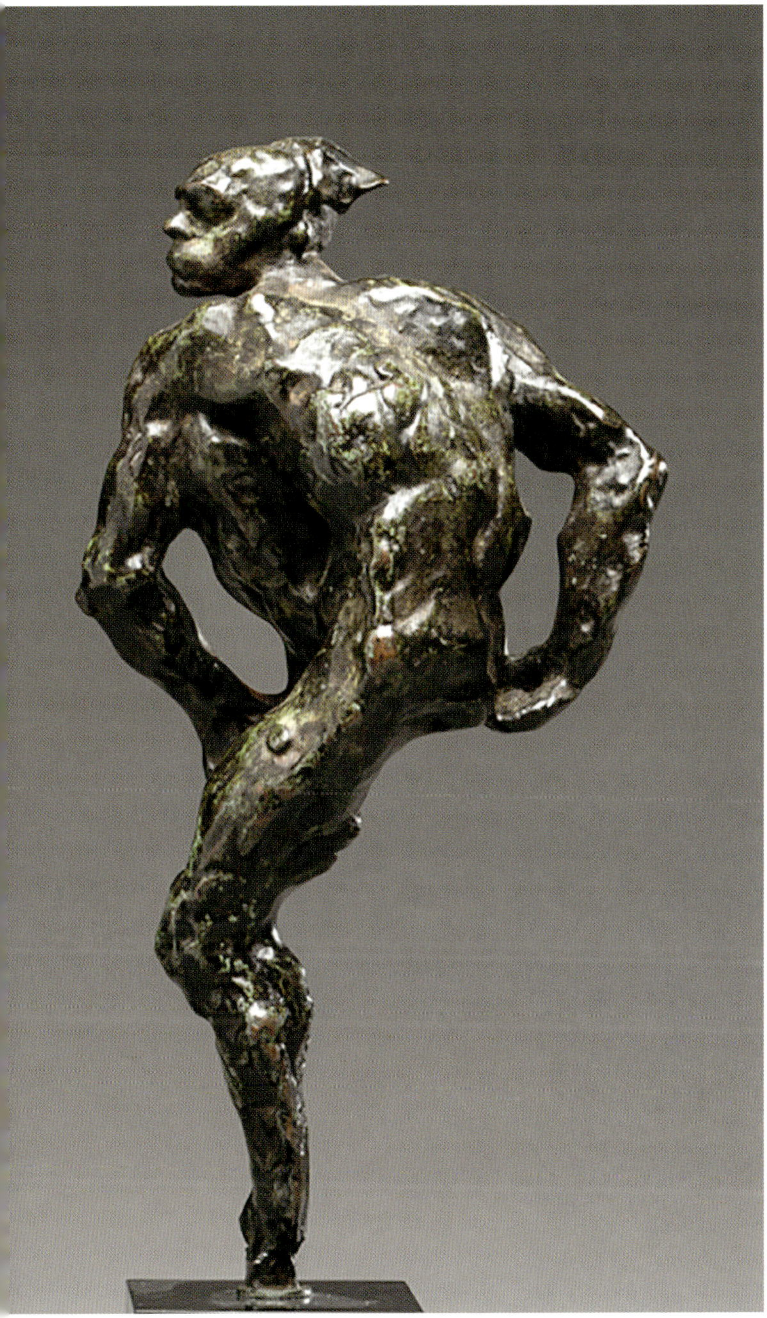

Bewegt man die hier im Guss gezeigte Figur um die eigene Achse, so wirkt sie in der Vorstellung wie die Gestalt eines sich drehenden Tänzers. Als Plastik steht sie still. Bewegen wir aber unseren Blick darin und um sie herum, so wird sie abwechselnd schmal und breit. Dann zeigen sich auch die Zwischenräume, die – wenn Sie die Augen wieder ein bisschen zusammenkneifen –, kaum noch von den Lichtreflexen zu unterscheiden sind. Sie sind teilweise so stark, dass das Material selbst wie ausgedünnt und durchsichtig erscheint. Im Grunde wird all das, was an der Oberfläche fassbar wird, aufgehoben und es entsteht der Eindruck, dass das, was vorher die Gestalt eines umschlossenen Körpervolumens von Fleisch und Blut abbildete, zugunsten eines Lichtspiels zurücktritt. Die Konturen trennen sich von den Darstellungszwängen und das Licht löst sich und wird zum freien Spiel. Es tanzt hier nicht mehr die Figur an sich, sondern das Licht und die Konturen an der Oberfläche. So kommt nach der Abbildauflösung nun auch die Formauflösung. Das wiederum wird eingeholt in einer grandiosen, auch heute für unsere Augen noch absolut schroffen Figuration, dem *Denkmal für Balzac*, dem wichtigen Spätwerk, mit dem ich meine Betrachtungen abschließen möchte.

37 | Auguste Rodin, **Nijinsky**, um 1912

„Rodin hat ihm eine Größe gegeben, die vielleicht die Gestalt dieses Schriftstellers überragt. Er hat ihn im Grunde seines Wesens erfasst, aber er hat an den Grenzen dieses Wesens nicht Halt gemacht; um seine äußersten und fernsten Möglichkeiten, um sein Unerreichtes hat er diesen mächtigen Kontur gezogen, der in den Grabsteinen fernvergangener Völker vorgezeichnet scheint.“ [31]

Rainer Maria Rilke

Ich verwende hier mit Absicht Fotografien, die Rodin selber in Zusammenarbeit mit den Fotografen angefertigt hat. Zu den nächtlichen Aufnahmen von Edward Steichen bemerkt der Künstler: „Ihre Fotografien werden meinen Balzac der Welt begreifbar machen.“[32] Es ist also in einer solchen Darstellung auch die Abbildung von einer gewissen Authentizität und Sie sehen auch hier, wie die Anatomie wieder zurücktritt zugunsten einer Hell-Dunkel-Figuration, in die nun aber etwas Neues aufgenommen worden ist.

38 | Edward J. Steichen, **Balzac, the Open Sky – 11 P.M**, (Gipsmodell), 1908

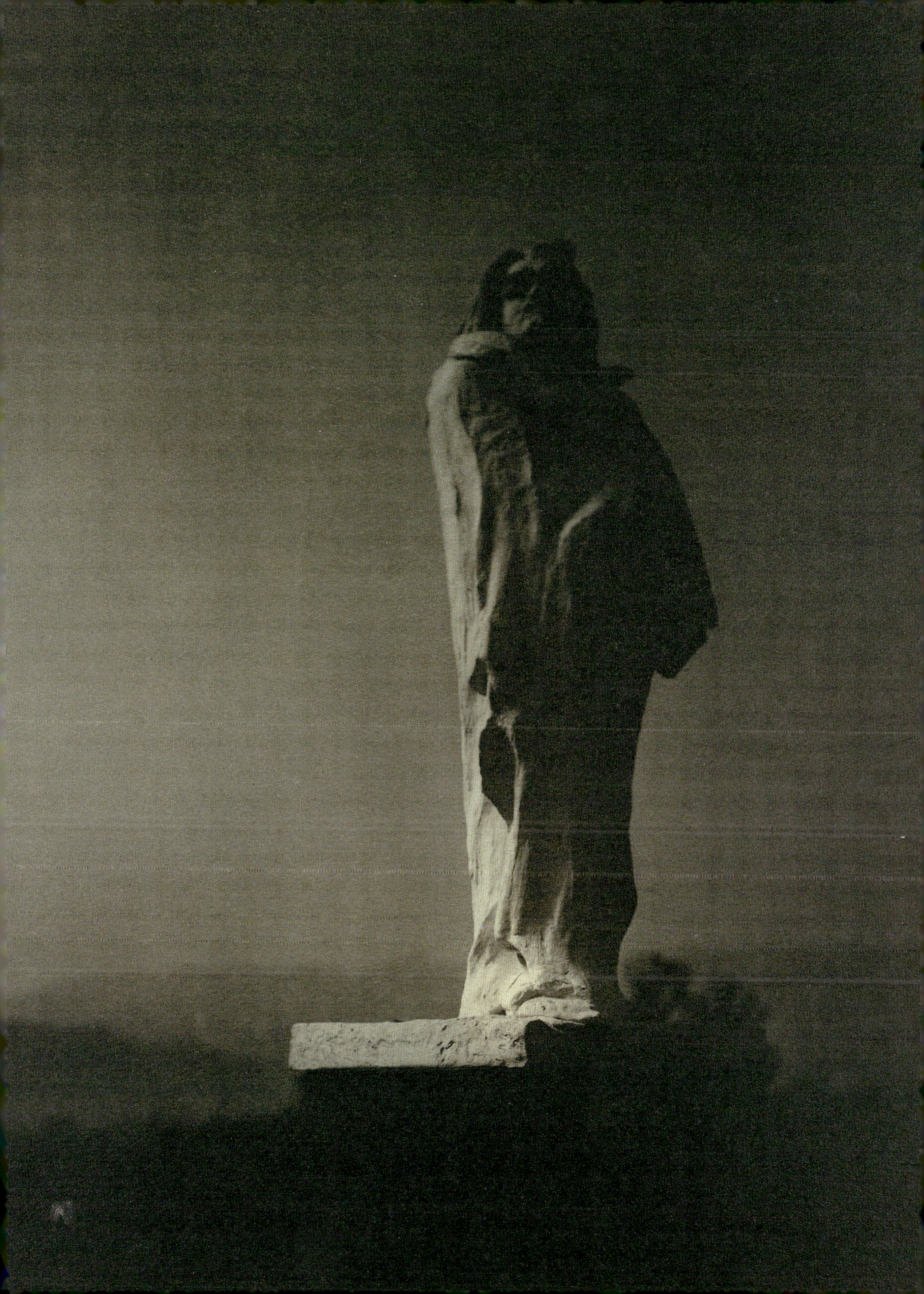

*„Diese Arbeit, über die wir gelacht haben,
die wir sorgfältig missachtet haben,
weil wir sie nicht zerstören konnten,
ist das Ergebnis meines ganzen Lebens.“* [33]

Auguste Rodin

Es erscheint hier ein dramatischer, seelischer Ausdruck, der uns nicht mehr via Rückschluss auf die Innerlichkeit einer Figur zugänglich wird. Vielmehr wird an der Lichtdramaturgie der plastischen Gestalt selbst schon die dramatische Stimmung unmittelbar zugänglich. Sie ist in der Lage, das Steinerne zu überspielen und gibt uns die Möglichkeit, den Raum nicht mehr als das umschlossene Volumen eines Dinges zu begreifen, sondern als ein licht- und bewegungserfülltes Gebilde, in dem wir uns betrachtend bewegen. So wird der plastische Raum bei Rodin zum lichtdurchdrungenen Lebensraum. Das Ding wird überführt in den Prozess und die Materie verschwindet in dem, was wir als anschauliche Gestalt in seiner Erscheinung in uns tragen, wenn wir es außerhalb vor uns sehen.

Ich danke Ihnen sehr für Ihre Aufmerksamkeit.

39 | Eugène Druet, **Das Balzac-Denkmal im Marmordepot in Paris**, 1896–1900

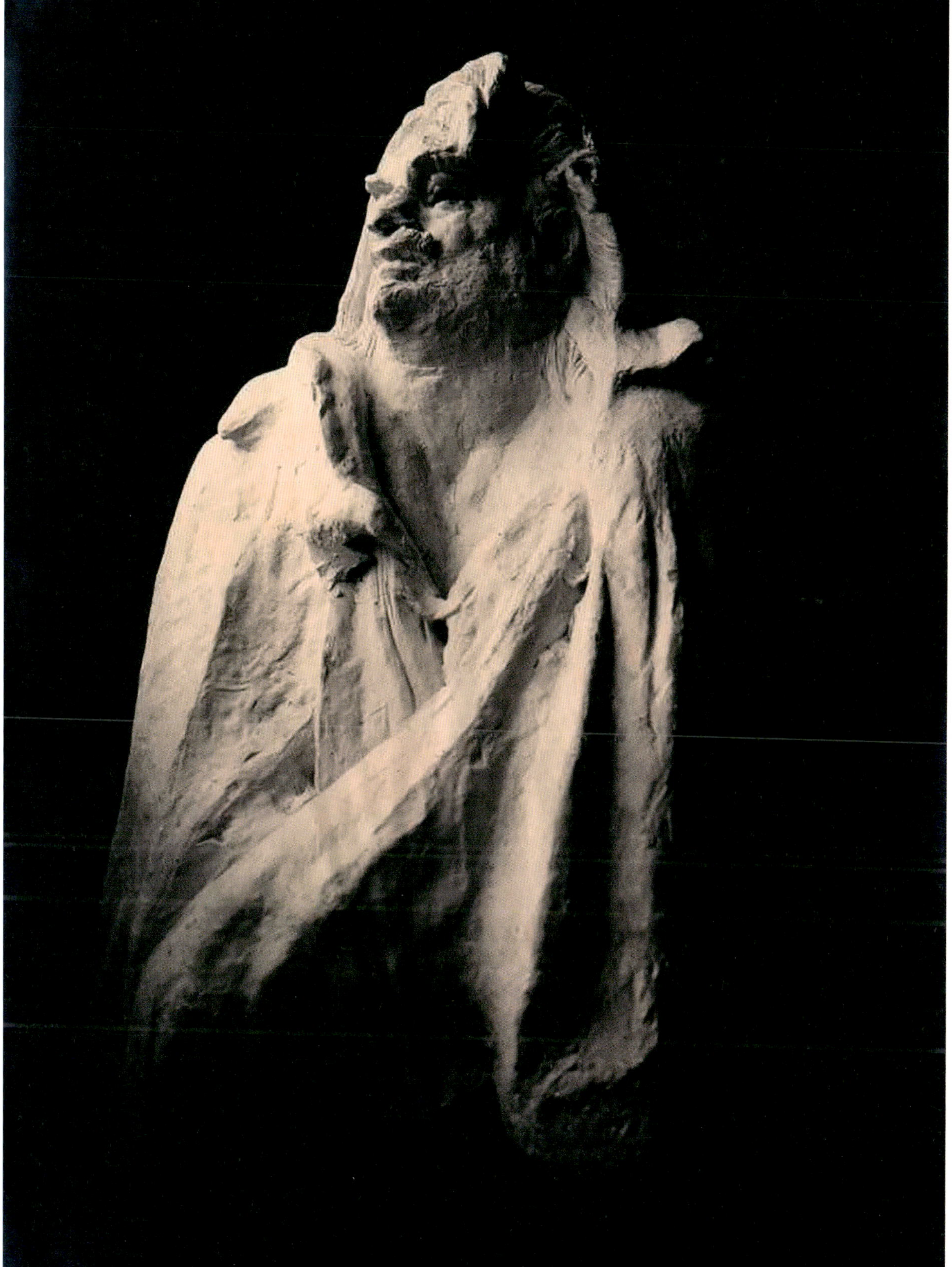

NACHKLANG

DER BETRACHTER ALS TEIL DES KUNSTWERKS

Es war mir ein großes Glück, Professor Michael Bockemühl während meines Medizinstudiums in Witten/Herdecke noch persönlich kennen gelernt zu haben. Seine Seminare, aber auch Exkursionen in die umgebenden Museen, waren immer ein außergewöhnliches Erlebnis und ein „Entdeckungsgang" der besonderen Art.

Bockemühl gab uns durch seine unkonventionelle, spielerische und kreative Herangehensweise an die Phänomene eine neue Sicherheit, sich im Umgang mit Kunst mehr auf die eigenen Sinne zu verlassen. Dabei galt es, einen staunenden Entdeckergeist zu entwickeln und gleichermaßen einer kindlich spielerischen Neugierde Raum zu geben.

Anstatt die Frage zu stellen, was der Künstler wohl aussagen möchte, vorschnelle Urteile zu fällen oder verlegen auf das Schild neben dem Kunstwerk zu schielen, ermutigte Bockemühl, in einen offeneren unvoreingenommenen Dialog mit der puren Erscheinung zu treten, die Kunst wirken zu lassen und sich in der Betrachtung auch selbst im eigenen Denken und Wahrnehmen zu beobachten. Doch das birgt nicht geringe Herausforderungen, wird doch für gewöhnlich die Wahrnehmung sowie die Frage nach den menschlichen Sinnen und unsere Art zu denken oder Begriffe zu bilden, kaum problematisiert.

Die Kunst Rodins begleitet mich seit meiner Schulzeit. Durch meine neuerliche, von Bockemühls Vorlesung inspirierte Auseinandersetzung mit dem Werk Rodins wurde mir klar, was der Künstler mit der Aussage über die Schönheit meint: *Nicht sie versagt sich unseren Augen, sondern unsere Augen versagen, sie zu gewahren.*[34] Wenn wir uns also auf die Phänomene einlassen, sind der Entwicklung unserer Sinne und der Vertiefung unserer Wahrnehmungsfähigkeit keine Grenze gesetzt.

Die in der Kunstwahrnehmung zu schulenden Fähigkeiten dienen mir nicht nur im Museum, sondern auch in meinem ärztlichen Beruf, bei dem es immer wieder auf eine unvoreingenommene, kreative Herangehensweise, sowie auf eine geistesgegenwärtige, wache und selbstkritische Wahrnehmungsfähigkeit ankommt.

Demian Buchner

Leider war es mir nicht vergönnt, an Michael Bockemühls Vorlesungen persönlich teilzunehmen. Umso mehr freue ich mich darüber, an der Herausgabe dieses Bandes mitwirken zu dürfen. Dies hat mir die Möglichkeit verschafft, einen gründlichen Einblick in die künstlerische Perspektive des Ausnahmewissenschaftlers und seinen so besonderen Umgang mit Kunst zu gewinnen.

Die unvoreingenommene und tiefschürfende Art Bockemühls, Kunstwerke wahrzunehmen und zu vermitteln, beeindrucken mich sehr. Besonders aufschlussreich finde ich seine Bemerkung zu dem Kunstwerk *Schreitender Mann*: „Der schreitende Mann ist hier nicht mehr das Thema, sondern hier ist das Schreiten selbst als Prozess dargestellt“ (S. 70).

Beim Betrachten der Skulptur war ich in erster Linie auf die Arbeit des Künstlers fokussiert, sodass ich das Schreiten als Prozess zunächst nicht wahrgenommen habe. Schmerzlich wurde mir bewusst, wie einseitig und eingeschränkt mein Blick auf die Statue zunächst war. Ermutigt von Bockemühls Hinweisen begann ich, um die Statue herumzuwandern und zu beobachten, wie aus jeder Perspektive ein anderer Aspekt des menschlichen Schreitens ins Blickfeld rückt. Das aber führte dazu, dass dieses Kunstwerk immer lebendiger wurde und mir auch der Prozess meines Schreitens zunehmend bewusster wurde: ich erkannte die verschiedenen Phasen, die verschiedenen Stellungen meiner Fuß- bzw. Beinbewegungen wieder und wurde so in die Lage versetzt, diese Gestaltung wirklich zu sehen.

Mein Umgang mit der Vorlesung führte mich zu der Erkenntnis, worauf Bockemühl sein Hauptaugenmerk richtet: ein Kunstwerk, mit geschärften Sinnen und bewusstem Wahrnehmen auf sich wirken zu lassen, um eine unvoreingenommenere Sichtweise zu gewinnen. Diese besondere Art der Kunstbetrachtung gefällt mir und wird mich auch in Zukunft begleiten und inspirieren.

Kaoutar Rhanimi-Boukka

„Die Schönheit ist überall. Nicht sie versagt sich unseren Augen, sondern unsere Augen versagen, sie zu gewahren“

Auguste Rodin

LEBENSDATEN

FRANÇOIS-AUGUSTE-RENÉ RODIN

„Ich erfinde nichts, ich entdecke neu."[35]

1840
Am 12. November erblickt François-Auguste-René Rodin als das jüngere von zwei Kindern von Jean-Baptiste Rodin (1802–1883) und Marie Cheffer (1807–1871) in Paris das Licht der Welt. Die Familie lebt in sehr bescheidenen Verhältnissen und gehört dem katholisch-konservativen Kleinbürgertum an.

1847
Als Schüler an der katholischen Schule „Frères de la Doctrine Chrétienne" entdeckt er seine Leidenschaft für das Zeichnen. Später bemerkt er: „Als junger Mensch habe ich, soweit ich mich erinnern kann, immer gezeichnet."[36]

1854
Mit 14 Jahren kommt er in die *Petite Ecole* in Paris, einer Ausbildungsstätte für Stuckateure. Dort wird er vornehmlich in Zeichnen und Mathematik unterrichtet, lernt aber auch Werke der Antike kennen und aus dem Gedächtnis zeichnen.

1856
Nach dem Abschluss strebt Rodin eine Ausbildung zum Bildhauer an der *École des Beaux-Arts* an. Aber er scheiterte drei Mal hintereinander an der Aufnahmeprüfung. Er arbeitet zum Broterwerb als Stuckateur und Mitarbeiter in einem Atelier.

1862
Am 8. Dezember verstirbt seine zwei Jahre ältere Schwester Maria. Infolgedessen durchlebt Rodin eine tiefe Krise und zieht sich in die Ordensgemeinschaft *Pères du Saint-Sacrement* in Paris zurück. Dort fertigt er 1863 ein Porträt des Priors und Ordensgründers Pierre-Julien Eymard an. Dieser ermutigt ihn, seiner wahren Berufung – der Bildhauerei – zu folgen.

1864
Beginn der Zusammenarbeit mit Albert-Ernest Carrier-Belleuse (1824–1887), einem der beliebtesten Bildhauer seiner Zeit. Rodin eignet sich den Umgang mit gebrannter Tonerde (Terrakotta) an (S. 25 und 27) und wird als Bauplastiker tätig. Er begegnet Rose Beuret (1844–1917), einer einfachen Näherin, die sein Modell, seine Atelierhilfe und Lebensgefährtin wird. Nach 35 Jahren des Zusammenlebens heiratet das Paar Anfang 1917. Es entsteht die Porträtbüste *Der Mann mit der gebrochenen Nase* (S. 23).

1866
Sein Sohn Auguste Eugène Beuret (1866–1934) wird geboren, den er rechtlich nie anerkennt und der ihm zeitlebens fremd bleibt.

1871
Rodin folgt Carrier-Belleuse nach Brüssel, wo er einen Fries am *Palais de la Bourse* gestaltet (signiert von Carriere-Belleuse).

1875
Der Mann mit gebrochener Nase wird als erstes Werk vom Salon angenommen.

1876
Reise nach Rom, Neapel, Venedig und Florenz, wo er sich für die Werke Michelangelos begeistert.

40 | Charles Hippolyte Aubry, **Rodin in seinem Arbeitskittel**, um 1862

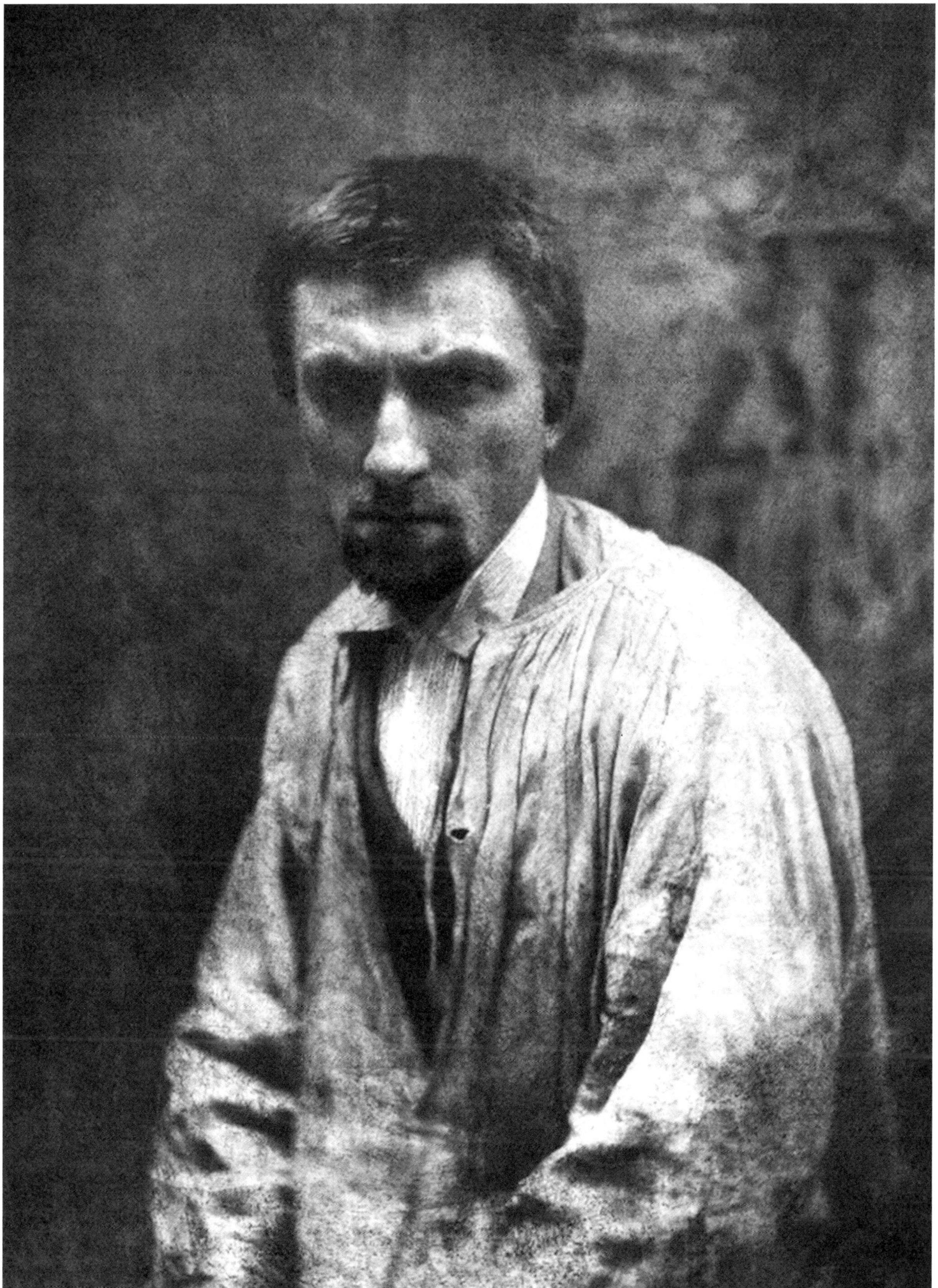

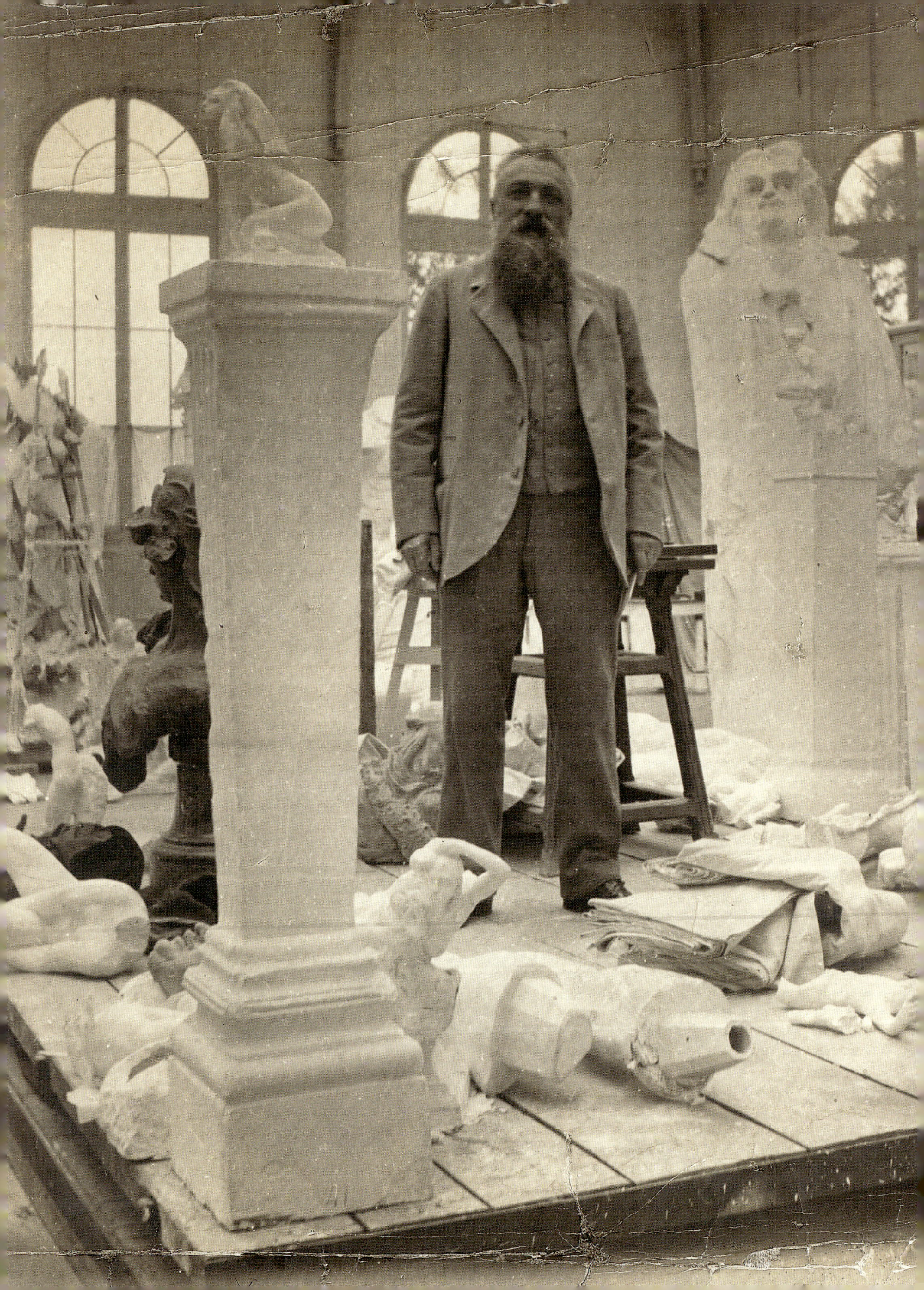

„Ich weiß sehr wohl, dass man kämpfen muss, denn man steht oft im Widerspruch zum Zeitgeist.“ [37]

1877
Präsentation einer mannshohen Figur im Brüsseler *Cercle Artistique et Littéraire* und dann im Pariser Salon, die bald *Das Eherne Zeitalter* (S. 29–33) genannt wird. Modell steht ihm der 22-jährige belgische Soldat Auguste Neyt. Rodin löst damit einen Skandal aus, da ihm die Jury vorwirft, das Modell mithilfe von Abgüssen nur reproduziert zu haben. Vergeblich bemüht sich Rodin mit Zeugenaussagen und Fotografien des nackten Modells, die Anschuldigung von sich zu weisen.

1880
Der französische Staat kauft *Das Eherne Zeitalter* an. Rodin erhält den Auftrag zur Gestaltung eines Portals für das geplante *Musée des Arts décoratifs*. Das *Höllentor* stellt er jedoch bis zu seinem Lebensende nur in Entwürfen und Teilen fertig. Nach seinem Tod wird es in sieben Fassungen in Bronze gegossen.

1882
Rodin begegnet der talentierten Bildhauerin Camille Claudel (1864–1943). Er ist von der 18-jährigen begeistert und sie wird Schülerin in seinem Atelier.

1884–1895
Der Künstler gestaltet für die Stadt Calais eine Skulpturengruppe von Eustache de Saint-Pierre und seinen Kameraden, die während des Hundertjährigen Kriegs die Stadt vor dem Hungertod bewahrt hatten. Das *Die Bürger von Calais* (S. 48–53) genannte Kunstwerk wird 1895 – nach 11 Jahren Arbeit – gegossen und am 13. Juni in Calais feierlich eingeweiht.

1890
Mit Beginn des Jahrzehnts macht sich Rodin von seiner selbst bezeugten Schüchternheit frei und beginnt hunderte von erotischen Blättern zu zeichnen. Es werden 171 seiner Werke im Rahmen einer Pariser Ausstellung einem Weltpublikum zugänglich gemacht.

1891
Auftrag der *Société des gens de lettres* für ein *Denkmal für Balzac* (S. 96).

1892
Der Dichter Rainer Maria Rilke kommt nach Paris, um Rodin kennenzulernen; 1905–1906 wird er für ein paar Monate Privatsekretär des Bildhauers.

1893
Rodin lebt und arbeitet in einem angemieteten Haus in Meudon bei Paris. Er sucht mit vielen jungen Autoren und Künstlern einen aktiven Austausch und veranstaltet zahlreiche Ausstellungen. In dieser Zeit wird er von verschiedenen Universitäten mit Ehrentiteln für sein künstlerisches Engagement ausgezeichnet.

1894
Polemische Auseinandersetzungen um das *Denkmal für Balzac* mit der *Société des gens de lettres*; Rodin zahlt das ihm vorab bezahlte Geld zurück, um in seinem eigenen Rhythmus arbeiten zu können.

1900
Der Künstler erfreut sich internationaler Berühmtheit. Er erhält auf der Weltausstellung in Paris einen eigenen Pavillon. Seine Werke werden sowohl in Europa wie auch den USA ausgestellt.

1907
Rodin wird Ehrendoktor der Universität Oxford. Im Salon präsentiert er die große Skulptur des *Schreitenden* (S. 71–75). Der Staat kauft das Hôtel Biron, der Plan eines *Musée Rodin* entsteht. Der Künstler stellt sein Werk als Schenkung zur Verfügung. Erste große Ausstellung seiner Zeichnungen in der Galerie Bernheim-Jeune.

1912
Das *Metropolitan Museum of Art* widmet Rodin einen eigenen Raum.

1915
Reise nach Rom: Rodin porträtiert Papst Benedikt XV.

1917
Im Januar heiratet Rodin Rose Beuret. Sie stirbt am 14. Februar, Rodin am 17. November in seinem Haus in Meudon.

41 | Eugène Druet, **Auguste Rodin inmitten seiner Skulpturen im Pavillon de l'Alma, Meudon**, um 1902

„Die Menschheit wird erst glücklich sein, wenn alle Menschen Künstlerseelen haben werden, das heißt, wenn allen ihre Arbeit Freude macht.“ [38]

Auguste Rodin

42 | Alvin Langdon Coburn, **Auguste Rodin**, 1907

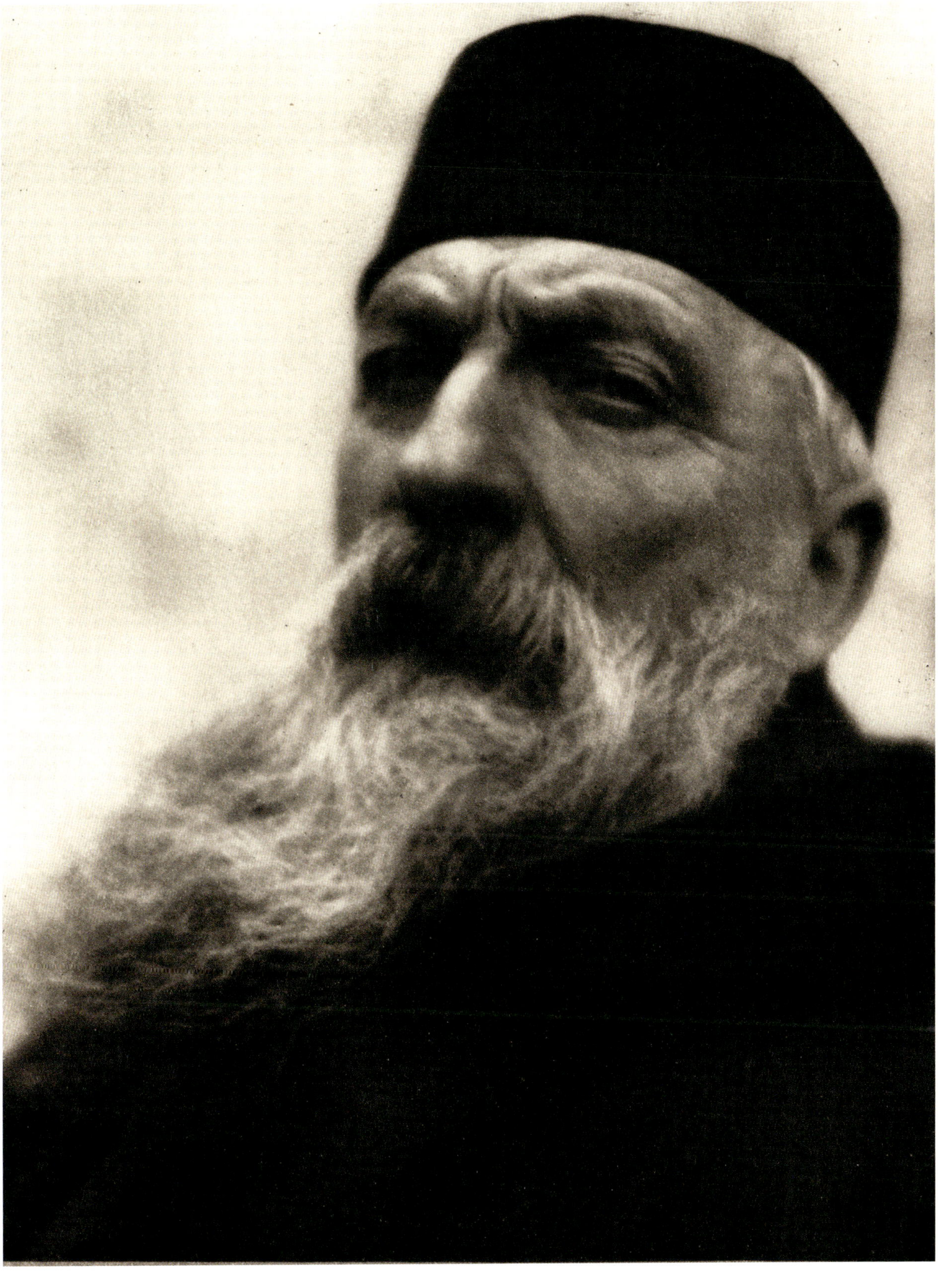

ANMERKUNGEN

1 A. Rodin, *Réflexions sur la beauté*, in: *L'Opinion*, 11. Juni 1910, S. 738. Wenn nicht anders vermerkt, wurden alle französischsprachigen Zitate von D. Hornemann v. Laer ins Deutsche übersetzt.

2 Charles Darwin beobachtet an sich ein ähnliches Phänomen. So habe sich für ihn das Erleben von Kunst und Kultur durch die Auseinandersetzung mit der Naturwissenschaft grundlegend verändert: *Ich habe auch angeführt, dass mir früher Gemälde ein beträchtliches und Musik sehr großes Entzücken bereiteten. Jetzt kann ich es schon seit vielen Jahren nicht mehr ertragen, eine Zeile Poesie zu lesen: [...] Ich habe auch meine Vorliebe für Gemälde und Musik beinahe verloren.* Zit. n.: https://epdf.pub/charles-darwin-ein-leben-autobiographie-briefe-dokumente.html (abgerufen: 01.03.2023).

3 Vgl. Michael Bockemühl, *Kunst ist die Antwort auf Kunst*, in: boesner-Katalog 2004, hrsg. von Wolfgang Boesner, Witten, 2004, S. 52.

4 A. Rodin, in: *L'art. Entretiens réunis par Paul Gsell*, Verlag Bernard Grasset, Paris 1911, zit. n.: https://fr.m.wikisource.org/wiki/L%E2%80%99Art_(Rodin)/Texte_entier (abgerufen: 01.03.2023), im Folgenden *L'art* genannt.

5 Die originalen Tonbandaufzeichnungen der Vorlesungen sind verschollen. Die Transkriptionen wurden im Auftrag von Michael Bockemühl von der Sekretärin Sandra Schwarz angefertigt. Sie sind der Ausgangspunkt unserer Überarbeitung.

6 Johann Wolfgang von Goethe, *Wilhelm Meisters Wanderjahre, Betrachtungen im Sinne der Wanderer, Kunst. Ethisches. Natur*, zit. n. https://www.projekt-gutenberg.org/goethe/meisterw/mstw212b.html (abgerufen: 01.03.2023).

7 Vgl. Michael Bockemühl, *KUNST SEHEN. Bd. 16: Michelangelo*, Info3 Verlag Frankfurt/M. 2023.

8 Schon 1984 schrieb Pierluigi de Vecchi: *Nicht ein Gebiet und auch nicht ein Kontinent, sondern ein ganzes Universum oder zumindest ein Sternensystem – das scheinen heute die Michelangelo-Studien zu sein.* In: *Michelangelo, Der Maler. Der Bildhauer. Der Architekt*, Darmstadt, Belser Verlag, Bd. 1, S. 7.

9 Vgl. Johann Caspar Lavater, *Physiognomische Fragmente zur Beförderung der Menschenkenntniß und Menschenliebe*. Bd. 1. Leipzig u. a., 1775.

10 1863 entsteht Rodins erste Skulptur, eine Porträtbüste des Paters Pierre-Julien Eymard (1811–1868). Vgl. *Lebensdaten*, S. 102 ff.

11 A. Rodin, Testament, 1911, zit. n.: https://fr.wikisource.org/wiki/Testament_(Rodin) (abgerufen: 01.03.2023). Im Folgenden *Testament* genannt.

12 Erst durch ein 1880 erstelltes Gutachten von anerkannten Bildhauerkollegen wurde Rodin von den Vorwürfen entlastet und rehabilitiert. Heute gehört das Werk zu den am weitesten verbreiteten Skulpturen des Künstlers. Rund 150 von ihm autorisierte Abgüsse finden sich in Museen und Sammlungen weltweit.

13 A. Rodin, in: *L'art*, 1. Kapitel, o. S.

14 A. Rodin, *Ratschläge für junge Künstler*, veröffentlicht in der Zeitschrift: *Das Werk. Architektur und Kunst*, Dezember 1917, zit. n.: https://www.e-periodica.ch/cntmng?pid=wbw-002:1918:5::675 (abgerufen: 01.03.2023).

15 Michael Bockemühl erwähnt in seiner Vorlesung weder das Foto noch das Gipsmodell. Wir haben beides hinzugefügt, weil der Vergleich zwischen Modell und Plastik zum Sehen einlädt und die herausragende Modellierung der Figur durch den Künstler sichtbar wird.

16 A. Rodin, in: *L'art*, 6. Kapitel, o. S.

17 A. Rodin zit. n.: Otto Grautoff, *Auguste Rodin*, Nachdruck der 2. Auflage, Bielefeld, Leipzig 1911, S. 66.

18 A. Rodin an Rose Beuret, Brief Nr. 13, zit. n.: *Correspondance de Rodin*, 1:1860–1899, hrsg. und kommentiert von Alain Beausire und Helene Pichet, Paris 1985. Über Michelangelo bemerkt der Künstler: *Als ich nach Italien kam mit all den griechischen Modellen im Kopf, die ich im Louvre eifrigst studiert hatte, fand ich mich vor den Werken Michelangelos im höchsten Grade aus der Fassung gebracht. Sie widersprachen jeden Augenblick den Wahrheiten, die ich endgültig erworben zu haben glaubte. Warum nur, fragte ich mich fortwährend, diese Krümmung des Rumpfes, warum diese hinaufgezogene Hüfte, diese gesenkte Schulter? Ich war vollkommen verwirrt [...] Und doch hatte Michelangelo sich nicht täuschen können. Man musste ihn nur verstehen. Ich bemühte mich darum, und es ist mir gelungen.* Zit. n.: *L'art*, 10. Kapitel, o. S.

19 Neben Calais besitzen die Städte Kopenhagen, Brüssel, London, Philadelphia, Paris, Basel, Washington, Tokyo, Pasadena und New York jeweils eine Fassung der *Bürger von Calais*.

20 Rodin wollte seine *Bürger von Calais* auf Bodenhöhe aufstellen lassen, damit sie sich mit der Menschenmenge der zeitgenössischen Bürger vermischen – oder aber sie in luftiger Höhe ausstellen, für einen heroischen Anblick. Die Stadt Calais hat beide Vorschläge abgelehnt.
Vgl.: https://www.deutschlandfunkkultur.de/die-kunst-des-sockels-100.html (abgerufen: 01.03.2023).

21 Vgl. Rainer Maria Rilke, *Tagebuch*, Paris, im Dezember 1902, in: https://www.rilke.de/kunst/kunst_6.htm (abgerufen: 01.03.2023).

22 Rainer Maria Rilke, *Auguste Rodin. 1. Teil, Bürger von Calais*, zit. n.: https://www.textlog.de/3680.html (abgerufen: 01.03.2023).

23 A. Rodin, in: *L'art*, 4. Kapitel, o. S.

24 A. Rodin gegenüber dem Journalisten René Benjamin, 1910, vgl. Catherine Chevillot (Hrsg.), *Rodin et le dessin*, dossier documentaire, Musée Rodin, Paris 2017, S. 3. Vgl. https://francoispapin.github.io/NPEi.lab/pdf/170315_MR_DD_RODIN_ET_LE_DESSIN.pdf (abgerufen: 01.03.2023).

25 Rodin schuf um die 7000 Statuen und Skulpturen und rund 10.000 Zeichnungen.

26 Vgl. Michael Bockemühl, *KUNST SEHEN. Bd. 6: Pablo Picasso*, Info3 Verlag Frankfurt/M. 2019.

27 A. Rodin, in: *L'art*. 9. Kapitel, o. S.

28 A. Rodin, zit n.: *Auguste Rodin - Erneuerer und Wegbereiter der modernen Plastik und Skulptur*, https://www2.klett.de/sixcms/media.php/229/NL_KUNST_0213_Kuenstler_S2.pdf (abgerufen: 01.03.2023).

29 A. Rodin, zit. n.: *Rodin. The man and his art, with leaves from his notebook*, compiled by Judith Cladel and translated by S. K. Star, New York 1917, S. 222.

30 Stefan Zweig, *Die Kunst, ohne Sorgen zu leben. Letzte Aufzeichnungen und Aufrufe* hrsg. von K. Gräbner und V. Michels, Insel Verlag Berlin 2023, S. 41.

31 Rainer Maria Rilke, *Auguste Rodin (Einer jungen Bildhauerin / Ein Vortrag)*, LIWI Literatur- und Wissenschaftsverlag, Göttingen 2020, S. 30.

32 A. Rodin in einem Brief vom 20. November 1884 an E. Steichen, zit. n. François Blanchetière, *Rodin*, Taschen Köln u.a. 2014, S. 52.

33 A. Rodin zit. n.: https://de.frwiki.wiki/wiki/Monument_%C3%A0_Balzac_%28Rodin%29 (abgerufen: 01.03.2023).

34 A. Rodin, in: *L'art*. 6. Kapitel, o. S.

35 A. Rodin, zit. n.: Camille Mauclair, *Auguste Rodin: The Man, His Ideas, His Works*, London 1905, S. 60, https://en.wikiquote.org/wiki/Auguste_Rodin (abgerufen: 01.03.2023).

36 A. Rodin, zit. n. Antoinette Le Normand-Romain, *Der größte lebende Bildhauer*, in: *Rodin* (Ausst.-Kat. Royal Academy of Arts, London; Kunsthaus Zürich), Ostfildern 2007, S. 29.

37 A. Rodin zit. n.: https://en.wikiquote.org/wiki/Auguste_Rodin (abgerufen: 01.03.2023).

38 A. Rodin, in: *Testament*, o. S.

VERZEICHNIS DER WERKE UND BILDNACHWEISE

1 I George Charles Beresford, **Auguste Rodin**, 1902, Halbplatten-Glasnegativ, 20,8 x 15,7 cm, National Portrait Gallery, London, Wikimedia Commons, S. 9.

2 I Christian Nielinger, **Michael Bockemühl**, 2003, © C. Nielinger, Essen, S. 14–15.

3 I Dornac (Paul François Arnold Cardon), **Rodin in seinem Atelier vor dem Denkmal für Sarmiento**, um 1898, Abzug auf Albuminpapier, 26,5 x 21 cm, Archives Larousse, Paris, © Bridgeman Images, S. 17.

4 I Eugène Druet, **Madame Bardey, Rodin and Henriette, 31 Rue Campagne-Premiere, Paris**, 1915-1916 Silbergelatineabzug, 11.8 × 17.4 cm, Metropolitan Museum of Art, New York, public-domain, S. 20–21.

5 I Auguste Rodin, **Der Mann mit der gebrochenen Nase**, 1864, patinierter Gips, vollrunde Form, 32,4 x 19.3 x 17,8 cm, Musée Rodin, Paris, © Agence photographique du Musée Rodin – Pauline Hisbacq, S. 23.

6 I Auguste Rodin, **Junge Frau mit Blumenhut**, um 1865, Terrakotta, 69 x 36 x 31 cm, Musée Rodin, Paris, © Agence photographique du Musée Rodin – Pauline Hisbacq, S. 25.

7 I Albert-Ernest Carrier-Belleuse und Auguste Rodin, **Vase der Titanen**, um 1878, Terrakotta, 72 x 45 x 45 cm, Musée Rodin, Paris, © Musée Rodin, photo Christian Baraja, S. 27.

8 I Auguste Rodin, **Das Eherne Zeitalter**, 1876 Bronze, 180 cm, Museum Kunstpalast, Düsseldorf, © akg-images, S. 29.

9 I Auguste Rodin, **Das Eherne Zeitalter**, 1876 Bronze, 104 cm, van Ham, Kunsthandel, © akg / van Ham / Saša Fuis, Köln S. 30–31.

10 I Auguste Rodin, **Das Eherne Zeitalter**, 1875–1876 Gipsmodell, 180 cm, © mauritius images / AlFA Visuals / Alamy / Alamy Stock Photos, S. 32.

11 I Gaudenzio Marconi, **Porträtfoto von Auguste Neyt**, 1877, Silberabzug auf Albuminpapier, 24,3 x 14,8 cm, Musée Rodin, Paris, © Musée Rodin, S. 32.

12 I Auguste Rodin, **Danaide**, 1890, Marmor, 36 x 71 x 53 cm, Musée Rodin, Paris, © akg / FAF Toscana – Fondazione Alinari per la Fotografia, S. 34–35.

13 I Auguste Rodin, **Danaide**, 1890, Marmor, 36 x 70 x 54 cm, Musée Rodin, © Musée Rodin, photo Hervé Lewandowski, S. 37–39.

14 I Eugène Druet, **Rodins *Der Kuss* im Atelier des Pariser Marmordepots**, um 1898, Silbergelatineabzug, 37.6 × 25.3 cm, Musée Rodin, wikipedia commons, public domain, S. 41.

15 I Auguste Rodin, **Der Kuss**, Kopie von 1929 (Original 1886), Marmor, 182.9 x 116.8 x 121.9 cm, © Philadelphia Museum of Art, Pennsylvania, PA, USA / Bridgeman Images, S.42-43.

16 I Michelangelo, **Der Morgen (Grabmal des Lorenzo de' Medici)**, 1524–1531, Marmor, © NPL - DeA Picture Library / Bridgeman Images, S. 44–45.

17 I Auguste Rodin, **Studie nach Michelangelos *Morgen***, um 1877, Bleistift auf Papier, 48,5 x 62,7 cm, Musée Rodin, Paris, © Musée Rodin (photo Jean de Calan), S. 47.

18 I Auguste Rodin, **Die Bürger von Calais**, 1884–1889, Bronze, 239 x 210 x 180 cm, Musée Rodin, Paris, © Jean-Claude N'Diaye – La Collection – ARTOTHEK, S. 48-49.

19 I Auguste Rodin, **Jacques de Wissant**, 1888, Bronze, Musée Rodin, © Demian Buchner 2022, S. 51.

20 I Auguste Rodin, **Die Bürger von Calais**, 1884–1889, Bronze, 239 x 210 x 180 cm, © Demian Buchner 2022, S. 53.

21 I Auguste Rodin, **Das Höllentor**, 1880–1917, Bronze, 635 x 400 x 85 cm, Musée Rodin, © Agence pho-tographique du Musée Rodin- Jerome Manoukian, S. 55.

22 I Auguste Rodin, **Der Denker im Höllentor** (Detail), Musée Rodin, Paris, wikipedia commons, public domain, S. 56–57.

23 I Auguste Rodin, **Der Denker**, 1903, Bronze, 180 × 98 × 145 cm, Kunsthalle Bielefeld, Installationsansicht «Rodin/Arp», Fondation Beyeler, Riehen/Basel, 2020, Foto: Mark Niedermann, S. 59.

24 I Auguste Rodin, **Der verlorene Sohn**, um 1900, Bronze, 55.5 cm, Musee de la Chartreuse, Douai, © Bridgeman Images, S. 61.

25 I Auguste Rodin, **Kauernde**, um 1880/1882, Bronze, 85 x 59 x 46 cm, Bayerische Staatsgemäldesammlungen – Neue Pinakothek München, © Blauel Gnamm – ARTOTHEK, S. 63.

26 I Auguste Rodin, **Iris, Götterbotin (fliegende Figur)**, 1891, Bronze, 82 x 92 x 39 cm, Fondation Beyeler, Riehen/Basel, Sammlung Beyeler, Foto: Robert Bayer, S. 65.

27 I Auguste Rodin, **Schreitender Mann**, 1900, Metz (Centre Pompidou), © mauritius images / Bildarchiv Monheim GmbH / Alamy / Alamy Stock Photos, S. 66–67.

28 I Auguste Rodin, **Kambodschanische Tänzerin** (von vorne), Juli 1906, Pergamentpapier, Graphitstift, Estompe, Aquarellfar-be, 34,8 x 26,7 cm, Musée Rodin, Paris, © Musée Rodin, Foto Jean de Calan, S. 69.

29 I Auguste Rodin, **Schreitender Mann**, 1900, Bronze, 85 x 27,5 x 60 cm, © Von der Heydt-Museum Wuppertal, Foto: Stephanie vom Stein, Medienzentrum Wuppertal, S. 71–75

30 I Auguste Rodin, **Hand Gottes**, 1898–1902, Marmor, 78 x 54 x 94 cm, Metropolitan Museum, New York, pinterest.fr (pin: 148618856430934199), S. 76–77.

31 I Auguste Rodin, **Adam und Eva**, 1905, Marmor, 50 x 84 x 56, Musée Rodin, Paris, © Musée Rodin, photo Christian Baraja, S. 79–81.

32 I Auguste Rodin, **Hand Gottes**, 1898 – vor 1902, Marmor, 78 x 54 x 94 cm, Musée Rodin, Paris, © Musée Rodin, photo Christian Baraja, S. 83,85,87.

33 I Auguste Rodin, **Der Mensch und sein Gedanke**, 1899–1900, Marmor, 77 x 46 x 55 cm, Nationalgalerie, Staatliche Museen zu Berlin, bpk / Nationalgalerie, SMB / Klaus Göken, S. 89.

34 I Michael Bockemühl, **Detailaufnahme von Auguste Rodins *Die Erde und der Mond***, 1994, S. 90.

35 I Auguste Rodin, **Die Erde und der Mond**, 1899, Marmor, 125.5 x 78 x 58 cm, Musée Rodin, Paris, © Philippe Galard / Bridgeman Images, S. 91.

36 I Auguste Rodin, **Nijinsky**, um 1912, Gips, 17.5 x 9.4 x 6.5 cm, Musée Rodin, Paris, © mauritius images / Super-Stock / Peter Willi, S. 93.

37 I Auguste Rodin, **Nijinsky**, 1912, Bronze, 26 x 9,5 x 7 cm, © agence photographique du musee Rodin - Jerome Manoukian, S. 94–95.

38 I Edward J. Steichen, **Balzac, the Open Sky – 11 P.M.** (Gipsmodell), 1908, Platinotypie, 49 x 36,3 cm, Musée Rodin, © Musée Rodin, S. 97.

39 I Eugène Druet, **Das Balzac-Denkmal im Marmordepot in Paris**, 1896–1900, Abzug auf Chlorbromsilbergelatinepapier, 40,0 x 29,5 cm, © Albertinum/ Skulpturensammlung, Staatliche Kunstsammlungen Dresden, Aufnahme: Jürgen Lange, S. 99.

40 I Charles Hippolyte Aubry, **Rodin in seinem Arbeitskittel**, um 1862, Fotograf unbekannt, Wikipedia commons, S. 103.

41 I Eugène Druet, **Auguste Rodin inmitten seiner Skulpturen im Pavillon de l´Alma**, Meudon, um 1902, Gelatinesilberabzug, 25,6 x 25,2 cm, Musée Rodin, © Musée Rodin, S. 104.

42 I Alvin Langdon Coburn, **Auguste Rodin**, 1907, © mauritius images / Science Source / Metropolitan Museum of Art, New York, S. 107.

DANK

Dass diese vor über 25 Jahren begonnene und glücklicherweise auf Tonband aufgezeichnete Vorlesungsreihe nun endlich in Buchform erscheinen kann, verdankt sich der Mitarbeit vieler Menschen.

Die Aufzeichnungen auf den Tonbändern wurden von Sandra Schwarz verschriftlicht. Natalie Rehm brachte die Texte in eine erste Form und suchte die Dias zu den Vorträgen zusammen. Schließlich gibt es zahlreiche Studierende, die sich in David Hornemann v. Laers Seminaren um eine vorsichtige Überarbeitung der Vorlesungen bekümmern und zahlreiche Ideen beisteuern zur Umsetzung des Textes und der Bilder in eine stimmige Buchform. Ohne ihre Begeisterung und vielseitige Unterstützung wäre es niemals möglich gewesen, dieses herausfordernde Projekt zu realisieren.

An dem Zustandekommen dieses Projekts waren bisher beteiligt:
Tanja Adam-Heusler, Meike Adden, Joseph Bailey, Elena Ball, Luise Baumeister-Lingens, Lea Bengel, Franziska Behrens, Laura Bickel, Malte Bischoff, Pauline Bischofsberger, Geraint Black, Maximilian Bockemühl, Leandra Börner-Valdez, Antonia Bonn, Malte Braun, Demian Buchner, Elisabeth Capellmann, Eda Ciftci, Andreas Czwodzinski, Julius Daniel, Anna Deffner, Philipp Doose, Jana Eckey, Lara-Luna Ehrenschneider, Manischa Eichwalder, Noa Fischer, Isabel Gadea, Caroline Geck, Max Geuer, Paul Geilenberg, Andreas Grießer, Isabel Gudd, Julia Hansel, Mandy Hecht, Antonia Heinrich, Ronja Hellebrandt, Johanna Hertzberg, Hannah Heukeroth, Börries Hornemann, Gabriel Hornemann, Laura Jacobson, Paul Jejkal, Sinja Jessberger, Florian Kämpf, Jannis Keuerleber, Jennifer Klack, Jakob Kraul, Jonas Klingberg, Mathilda Knoblauch, Anna Ko, Christopher Koch, Daniel Kohler, Julian Kramp, Andrea Kreisel, Johanna Lamprecht, Melanie Laskowski, Clara Laufenberg, Dominik Lauinger, Vittoria Lenz, Valerie Liebers, Katharina Lilienthal, Rose Link, Anke Loewensprung, Luca Löhr, Foo Low, Sarah Luther, Patrizia Marioli, Laura Marschallek, Miranda Kiefer, Helias Mackay, Nura Mahmalat, Johanna Mayrshofer, Nikolas Middelmann, Sarah Morhenne, Tobias Möller-Hahlbrock, Werner Mosetter, Lorenz Mrohs, Julia Muhsal, Matthias Niedermann, Deborah Oppermann, Martin Pawelkiwitz, Christian Petersen, Laurenz Pfaff, Matthias Pfrogner, Anselm Prechtl, Constantin Reuter, Joyce Rieck, David Richardoz, Lydia Roknic, Kaoutar Rhanimi Boukka, Carla Scherf, Paul Schönenberg, Felix Schramm, Verena Schusser, Josephine Schütt, Melina Schwab, Yvonne Schwarzer, Amelie Scupin, Inga Seefeld, Flora Seibel, Laura Sieber, Sarah Sock, Reinhold Spratte, Carlotta Süring, Rahel Steffen, Rachel Steinmetz, Matthias Tamm, Carla Tenthoff, Christine Teuchert, Olaf Tittel, Philine Töpper, Friedemann Uhl, Richard Ulrich, Nikolas von Kameke, Pauline Warneboldt, Anna-Lena Weidemann, Christiane Weinberg, Shaya Werner, Clara Wicharz, Kai Witthinrich, Jette Wolf, Klara Zepp, Mara Zöller.

Die Buchreihe verdankt ihre das Kunstwerk ins Zentrum rückende Gestaltung dem Grafiker Frank Schubert. Katharina de Roos sei Dank für ihr aufmerksames Lektorat und Christoph Steinrücken für das umsichtige Marketing. Nicht zuletzt sei den Verlagsleitern Jens Heisterkamp, Silke Brandmeier und Ramon Brüll für ihre Unterstützung und ihren Glauben an diese heikle, komplexe und viel Geduld erfordernde Unternehmung gedankt.

Zudem danken wir den im Folgenden genannten Förderern, die uns unterstützt und die Drucklegung dieses Bandes möglich gemacht haben:

wittener universitätsgesellschaft

IBAM
Integriertes Begleitstudium
Anthroposophische Medizin
Universität Witten/Herdecke

RAO
Rudolf-August Oetker-Stiftung

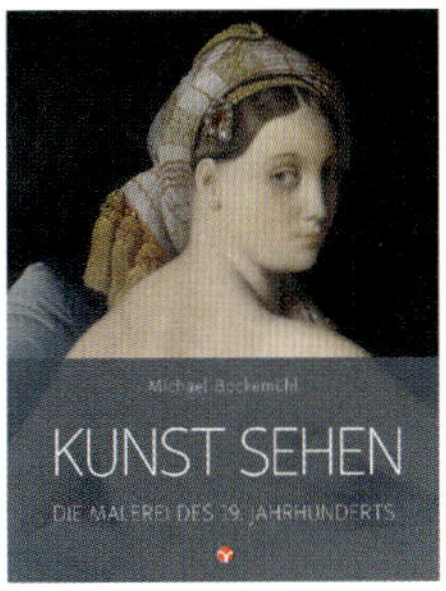

Band 1
Malerei des
19. Jahrhunderts

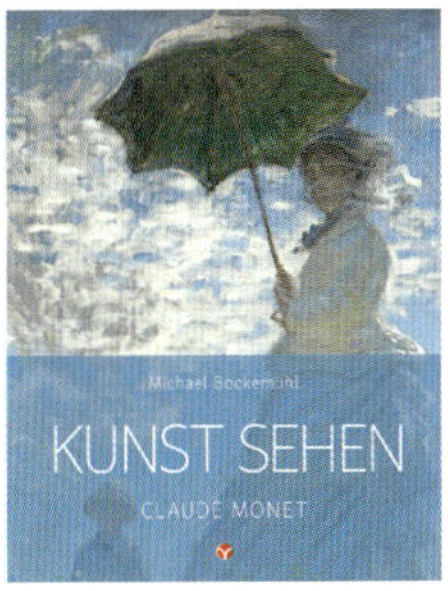

Band 2
Claude Monet

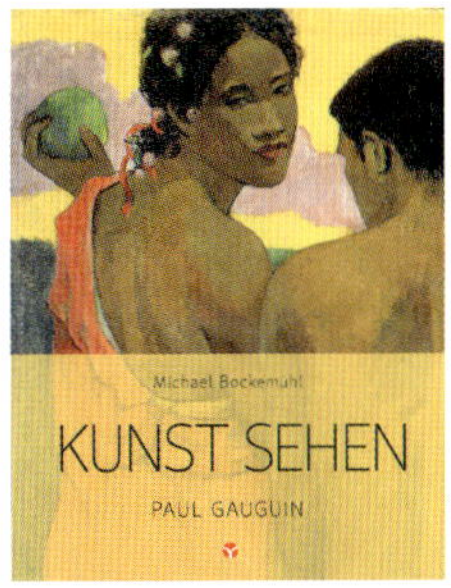

Band 3
Paul Gauguin

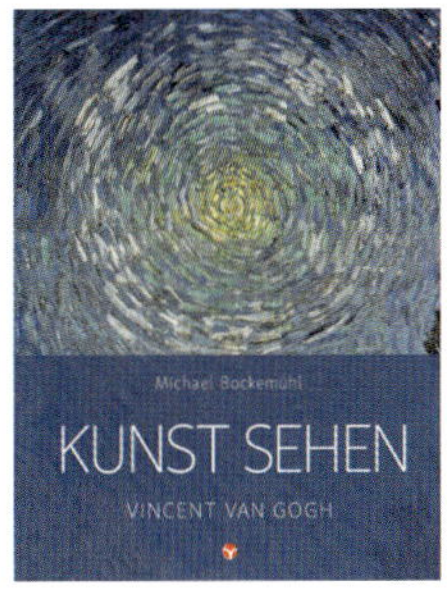

Band 4
Van Gogh

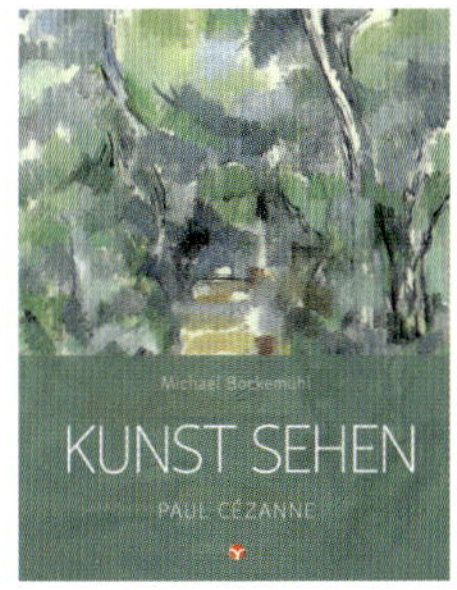

Band 5
Paul Cézanne

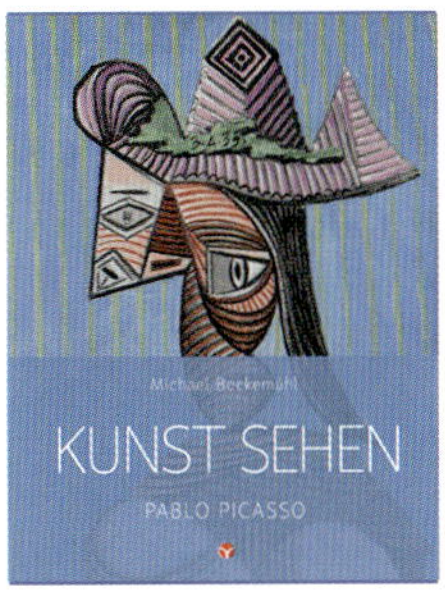

Band 6
Pablo Picasso

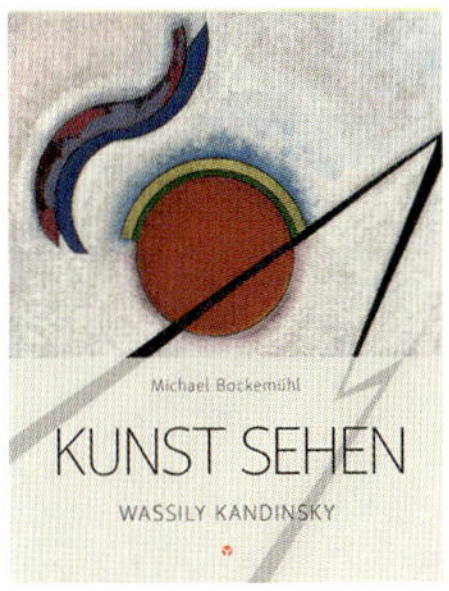

Band 7
Wassily Kandinsky

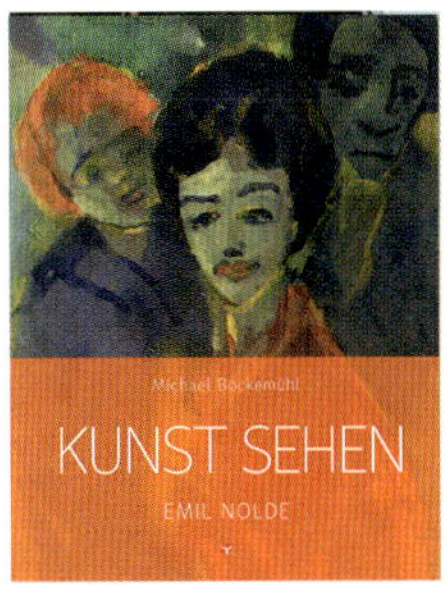

Band 8
Emil Nolde

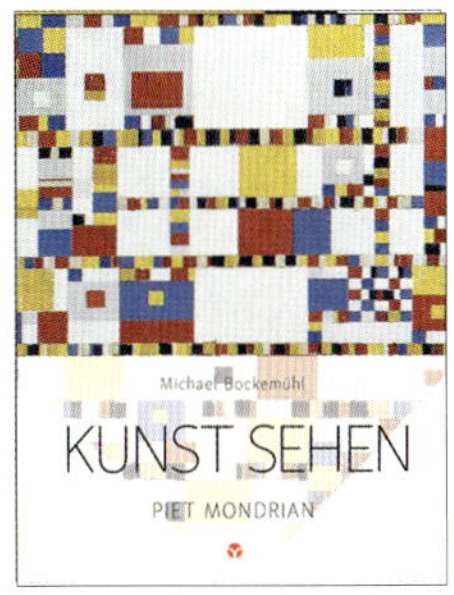

Band 9
Piet Mondrian

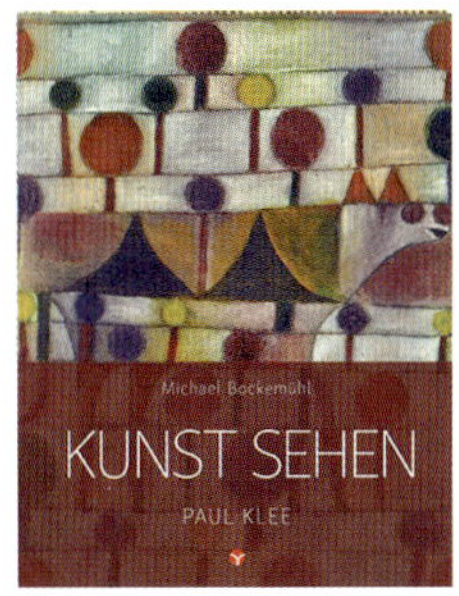

Band 10
Paul Klee

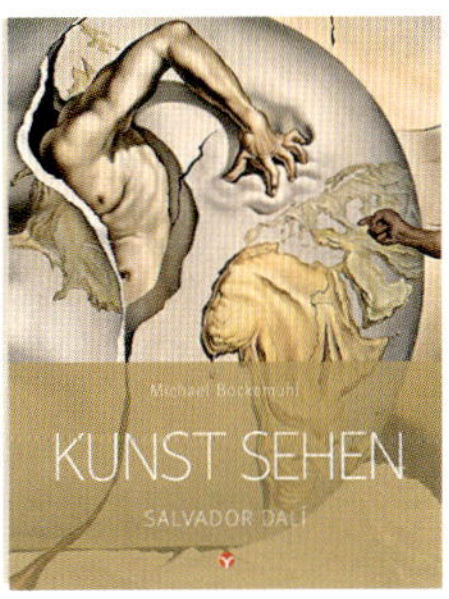

Band 11
Salvador Dalí

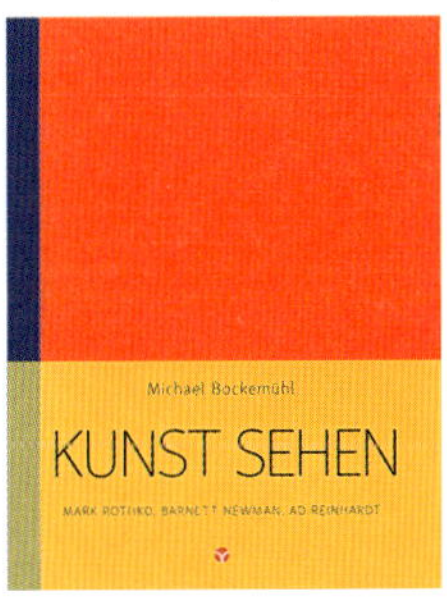

Band 12
Ad Reinhardt,
Mark Rothko,
Barnett Newman

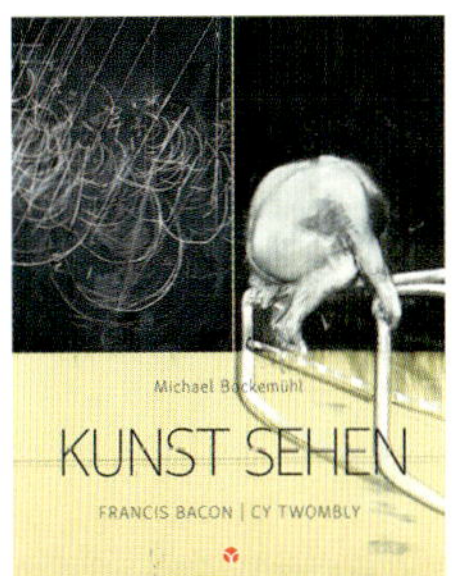

Band 13
Francis Bacon /
Cy Twombly

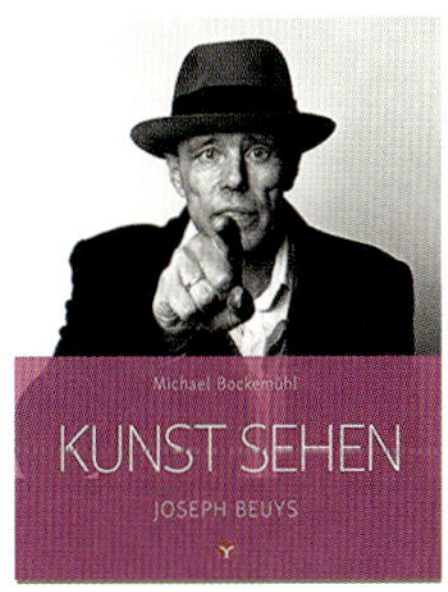

Band 14
Joseph Beuys

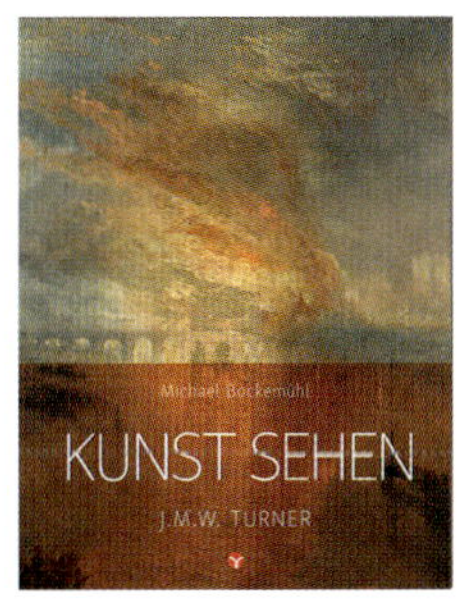

Band 15
J. M. W. Turner

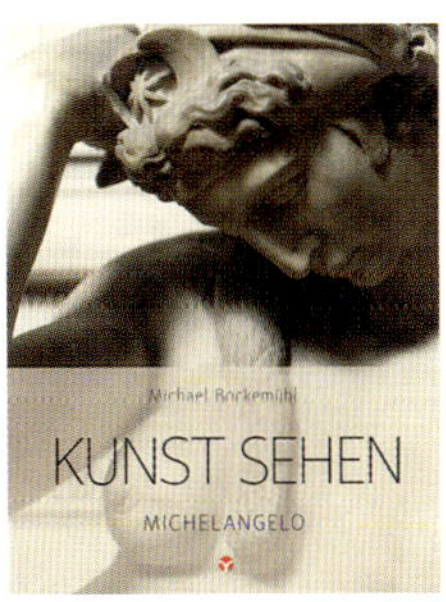

Band 16
Michelangelo

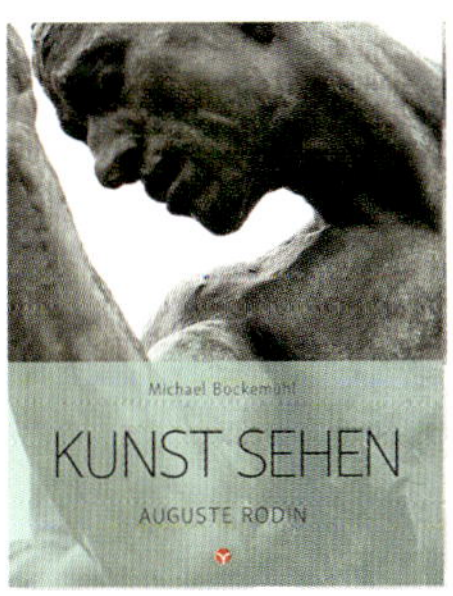

Band 17
Auguste Rodin

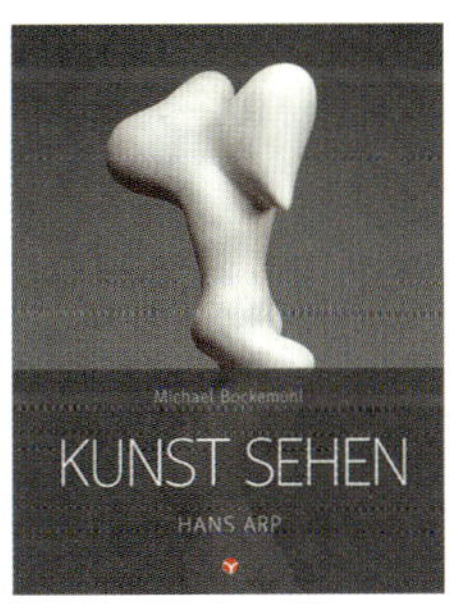

Band 18
Hans Arp

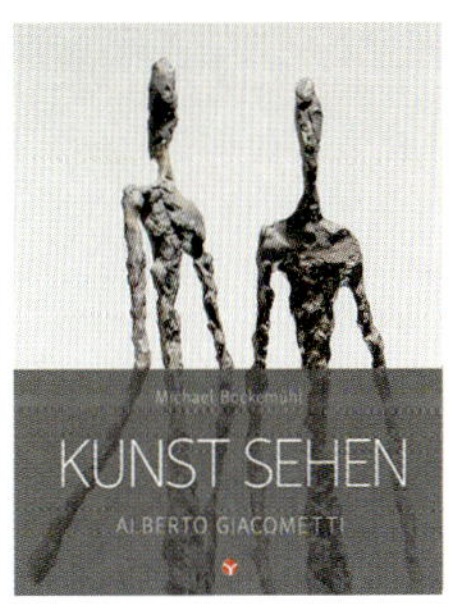

Band 19
Alberto Giacometti

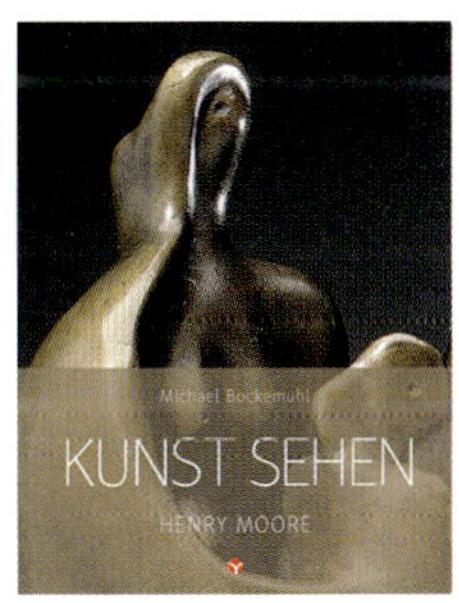

Band 20
Henry Moore

KUNST SEHEN – DIE EDITION

Voraussichtlicher Abschluss der Edition:
2024

Einzelbände für € 16,80,
im Abonnement für € 14,80

Infos unter: www.info3.de/kunst-sehen
www.kunst-sehen.info

IMPRESSUM

Bibliographische Information der Deutschen Nationalbibliothek:
Die Deutsche Nationalbibliothek verzeichnet diese Publikation in der Deutschen Nationalbibliographie; detaillierte bibliographische Daten sind im Internet über http://dnb.ddb.de abrufbar.

ISBN 978-3-95779-079-8

Erste Auflage 2023

Redaktion und Lektorat: Katharina de Roos

Typographie, Satz und Umschlag:
Frank Schubert, Frankfurt am Main unter Verwendung der Statue *Pierre de Wissant* aus der Gruppe *Die Bürger von Calais* von Auguste Rodin, 1884–1889, © Clément Guillaume - La Collection - ARTOTHEK

Druck und Bindung: Dilling Printmedien, Kreuztal

INFO3 VERLAG

Kirchgartenstr. 1, 60439 Frankfurt
Tel. 069-58 46 47, Fax +49-69-58 46 16
vertrieb@info3.de

WWW.INFO3.DE

HERAUSGEBER:
Dr. David Hornemann v. Laer
WittenLab. Zukunftslabor Studium fundamentale
Universität Witten/Herdecke
Alfred-Herrhausen-Str. 50, 58448 Witten
E-Mail: david.hornemannvonlaer@uni-wh.de
www.kunst-sehen.info